TravenBooks

— 116 —

EDIZIONI
ALPHABETA
VERLAG

Anita Pichler

Haga Zussa

L'amante del caso

Traduzione di Donatella Trevisan

Postfazione di
Sabine Gruber e Renate Mumelter

TravenBooks

Questo libro è stato pubblicato con il contributo di

AUTONOME PROVINZ BOZEN SÜDTIROL
PROVINCIA AUTONOMA DI BOLZANO ALTO ADIGE

Deutsche Kultur – Cultura tedesca

Titolo originale: Haga Zussa. Die Zaunreiterin

Traduzione dal tedesco di Donatella Trevisan

Pichler, Anita: Haga Zussa. L'amante del caso

www.alphabeta-books.it/books@alphabeta.it

Impaginazione: A&D
In copertina: disegno di Paul Thuile
Stampa: Cierre Grafica, Caselle di Sommacampagna (VR)

ISBN 978-88-7223-397-9

Per Elena

Uno trova la strada per casa sua solo se si smarrisce.
E ogni volta deve scovare una strada nuova.

Elias Canetti

È stato ieri, in casa. Io, l'amante del caso, su scarpe nuove che sfregavano i talloni, questo piccolo dolore che mi teneva sveglia, questa cosa ridicola, capace di provocare esistenza da due centimetri di pelle che grattava le ossa.

A dar fastidio non è tanto il ridicolo – come potrebbe?, inventato, da qualche parte, tra le circostanze – quanto la sua capacità di far emergere serietà – allegria, ecco, si trattava di quello.

Allegria. E tutto ciò ieri. Scesi dalla mia macchina, di nuovo mi pungeva il piede, e salii le scale fino al mio appartamento, e la chiave c'era, pensai e diedi un giro, ma la chiave non girava. E sono sicura sia la stessa chiave di sempre, da tre anni, da quando abito qui. Non apre più la serratura.

Sono appena stata di nuovo di sopra e ci ho riprovato, e allora mi è venuto in mente, mi è già capitato una volta. A momenti ho la sensazione che la chiave si sposti di una frazione di millimetro a sinistra oppure anche a destra, ma può darsi che le mie aspettative siano così grandi da creare una specie di suggestione, una suggestione che amo più di tutto – o aspettativa.

Guardo attraverso il buco della serratura e vedo le mie cose sparse in giro, messe lì come sempre, la mia assenza non cambia niente. Ma lo posso solo sperare, da fuori, con l'occhio sinistro appiccicato al buco della serratura, perché davvero spero.

Se fosse diverso, accadrebbe di certo qualcosa anche a me – gelosia, forse, rispetto alla forza estranea che fa accadere un qualcosa, mentre io sono qui, chiusa fuori, davanti al piccolo buco.

Ho anche pensato di aver forse scambiato la chiave in uno degli appartamenti in cui mi ero fermata di giorno, queste nuove chiavi si assomigliano tutte.

Forse dovrei chiamare uno di quei servizi apriporte che mi hanno consigliato. Ma non mi posso far aiutare. È impossibile. Arriverebbero con i loro passepartout e aprirebbero il mio appartamento come una lattina di conserva, come una scatoletta di sardine, l'ho sognato, non del tutto. La mia vecchia tendenza a mentire, vorrei continuamente attenermi ai fatti vissuti, ma le immagini vi si sovrappongono, e non sono più in grado di dire esattamente cosa è stato, se ho sognato una noce dimezzata in cui stavo seduta, una noce bacata, dinanzi a me, inglobata dal verme oppure inglobandolo, annerita dal tempo, o se invece si trattava di una scatoletta di sardine che mi ero figurata, i pesci decapitati di cui mi ritenevo parte, alla ricerca di segni di riconoscimento sul dorso – se me lo stessi insomma immaginando, sulla via verso un alloggio, visto che avevo rinunciato a rientrare nella vecchia casa.

Di certo erano stati anche gli avvenimenti degli ultimi giorni. Chi mi mandava in trasferta, là nell'infanzia dell'umanità, in questo passato, sicuramente non nutriva buone intenzioni nei miei confronti. Chi nutriva ciò per me, non nutriva nulla di me. Solo io nutrivo il pensiero che in fondo si potesse chiedere in giro, dare un'occhiata da persona a persona. Allora mi ero fatta un elenco, con dei nomi, uno accanto all'altro, nomi collegati, dal bel suono, dietro ai quali ipotizzavo volti, mi aspettavo sorrisi e silenzi, e anche, chi lo sa, altro, qualcosa di nuovo.

Però mi dissero no, non se ne fa niente. Ecco i numeri delle case e degli appartamenti, non sono sempre giusti, ma non importa, e che dovevo procedere in modo accurato, proprio così, prima piano per piano, poi caseggiato per caseggiato e infine capanna per capanna, proprio così. Erano stati tutti censiti, queste qui erano solo domande – appunto, pensavo. Cibo per computer, qualcosa che avevo già fatto in passato.

E perché qualcuno dovrebbe imbarcarsi in un'impresa simile? Ci si può guadagnare il pane quotidiano anche in altro modo.

Un tempo volevo imparare a mangiare erba.

E poi? Lentamente ritirare i movimenti da tutti questi anni passati, dimenticare, piegare una vertebra dopo l'altra, non sapere più cosa sono gambe e braccia, la macchina del mio corpo che regredisce, un pezzo alla volta, niente ruggine che penetra nella terra, nessuna paralisi che porta alla pazzia, nessuna pazzia. Un io incorporeo, distillato. Questa goccia dovrebbe cadere su terra fertile, risucchiata dalla sete.

E così stavo camminando, il mio amico morto accanto a me. Aveva il solito sguardo, quello sguardo, e io sapevo che era morto e che non poteva dirmi più niente, ma camminava lo stesso accanto a me, e non gli dava più fastidio se lo guardavo con occhi miei che erano già altri. Solo che d'improvviso scorgevo una cicatrice sul suo volto, una cicatrice profonda, brutta, risalente all'infanzia, era lei che avrei dovuto interrogare. Ma era il mio amico morto, a lui non potevo chiedere, non corrispondeva più a nessun numero, nessuna casa, nessuna capanna.

Questa sua cicatrice non la conoscevo. Era però impossibile non vederla. Forse che i morti debbano riporre vecchie cicatrici sul loro volto? Ridisegnare tutte le dita che un tempo si sono incollate alle loro guance? Questa cicatrice non era stata profonda, dunque, né isolata, come sembrava ora, e nemmeno mortale, no, era morto in un altro modo. Nel suo caso qualcosa si era improvvisamente spezzato nel cuore, e così nessuno era riuscito a capire.

Continuava però a camminare al mio fianco, e mi faceva sorridere il mio sentirmi viva. Era un tratto che ci aveva accomunati, questa frenesia, questa vita che riusciva a penetrare solo attraverso un no fino alle persone, le situazioni, le cose, fino a noi stessi. Questo no, l'esaltazione della separazione che da sola era in grado di aprire tutte le porte, che consumava tutta la forza, e da cui scaturiva tutta la forza, solitudine, amante schiva che vuol essere corteggiata, conquistata e accarezzata.

Di questa cicatrice volevo chiedergli adesso. Ma la somma della paura non muta, rimane sempre uguale. Come potevo, qui, adesso, conficcare le mie domande in quella ferita? E i miei questionari non erano utili allo scopo. Lo erano solo per volti estranei, non dovevano aprire niente, era questo l'incarico che mi avevano dato.

Chiedere alle persone della loro infanzia. Non è del tutto esatto. Si parte dal presupposto che ai bambini non servano giocattoli, che il loro gioco sia interpretare il ruolo di se stessi oppure fare semplicemente imitazioni. E che quindi si dovrebbe offrire qualcosa soprattutto agli adulti, perché possano saziare la loro fame di gioco con quel che viene loro offerto. Perché ci si possano misurare creazione e distruzione, e rabbia e amore possano essere colti in egual misura, perché niente vada perduto.

Un settore del tutto nuovo, con quella gran quantità di tempo che l'essere umano ha conquistato negli ultimi anni, tempo che si è liberato, che hanno voluto togliergli di dosso, questa coperta pesante sulla sua testa, questo vuoto in cui non sarebbe dovuto cadere. Bisognava allora prenderlo al volo, tendere reti sopra l'abisso, dove potesse mettersi comodo.

Non capivo proprio tutto. Età e altezza e tipo di capelli – quanto erano stati scrupolosi i giocattolai. Informazioni sulla loro infanzia, e se tenevano piante o cani oppure addirittura gatti, erano previsti canarini, ma niente tartarughe, criceti, pesci rossi sì, corvi imperiali no, tutto il resto erano animali di piccola taglia. Animale piccolo, animale grande, l'animale in me, in te, e lo sforzo con le scimmiette.

Anche la cura del viso per le donne, il trucco, e per gli uomini la barba. Come se fossero la stessa cosa. Raschiare via, spalmare su, sempre lì sopra, sulla pelle.

In realtà capivo molto poco. Ma non mi dava più fastidio. Era ormai da parecchio tempo che qualcosa in me si era disgregato, non ricordavo più in quale preciso momento fosse successo. Era crollato un non so che nei nessi che collegano le cose, e così anche le altre persone. Pelle e nervi erano gli unici elementi ancora uniti che mi venivano in mente, e non c'è un solo istante in cui mi sia resa conto che non aveva più alcun senso cercare nessi. Prima avevo sempre pensato che se avessi trovato un filo che portava fino a questo punto, allora avrei potuto arrampicarmici a ritroso e ritrovare il tutto, là dietro, da qualche parte, nella tarda infanzia.

Adesso non sono più certa nemmeno di questo. Lo vedo come la gente reagisce alla propria infanzia. Ovvero, non credo loro quando dicono che si tratta di domande sull'infanzia delle persone. A cosa può servire chiedere a un uomo quali fumetti leggesse da piccolo, i fumetti li legge solo adesso, allora non c'erano, dice, c'era la guerra, e sua moglie si lava ancora la faccia con acqua e sapone, solo a volte, se tira vento, un po' di crema Nivea.

E che tutti quelli che reagiscono al rosso col rosso sono di orientamento rosso, quelli che reagiscono al blu col blu di orientamento blu, devo segnarlo sul modulo, perché è rigorosamente suddiviso, e per tutti quelli che reagiscono col grigio faccio una croce. *Sordocieco* ho letto da qualche parte, e lo sono in tanti senza saperlo, e non si perdono niente. Io di certo non glielo dico.

Come farei, del resto, a dire qualcosa in merito? Sono forse io a portare con me la misura del loro sapere? Sono io ad accendere la scintilla? Me lo chiedo, negli intermezzi. Tra pane e sonno e tutto ciò di cui non sono più capace.

E però vedo e sento attraverso le porte come la gente nonostante tutto ride, addirittura mi ride incontro, lancia un avanzo di risata sui miei questionari che io poi posso ritirare, riprendermi. Forse dovrei annotare questo, e non come io rimanga lì indifferente. Tormentata dall'invidia. Perché di questo si tratta. Invidia. Come mi pongo rispetto alle cose che non capisco.

Forse mi sbaglio. Ma finora dalla gente ho sentito soltanto dei sì, no e silenzio. Perché la "guerra" l'uomo l'aveva evocata con un cenno del capo indirizzato a sua moglie, non a me, e di sicuro non è così tragico. Ci si prende sempre troppo sul serio. È certo qualcosa di totalmente innocuo, proprio così ha detto pure la donna in carrozzella, ma ha detto anche il contrario. Forse aveva perso ogni misura perché era rimasta seduta così a lungo. Ha subito capito che doveva dire solo sì, no oppure niente, e di questo dire-sì-no-oppure-niente si era messa a ridere sonoramente. Non ho capito del tutto il perché. Come mi osservava attraverso i suoi occhiali scuri. Forse ha qualcosa agli occhi? Ai colori ha reagito in modo perfetto, solo che mi guardava in quel modo. E non mi ha nemmeno chiesto, come fanno sempre i disabili, mi venga a trovare, una volta. In realtà sembrava che le fosse affatto indifferente se lì c'era qualcuno oppure no. Ma anche questo non è del tutto vero, mi ha chiesto se avessi fame, e poi, più tardi, quando sono tornata da lei, dopo uno spavento iniziale era contenta.

Lì avevo ancora la mia chiave, cioè quella che pensavo fosse la mia chiave, e che ancora apriva. E avevo davvero sperato che sarebbe stata contenta di avere compagnia.

Chi ha paura dell'uomo nero? Nessuno.
E se però arriva? Mettiamo la testa sotto la sabbia.

In mezzo però c'era stato quel pomeriggio in cui avevo incontrato solo persone variopinte, nessun rosso, nessun blu era loro ignoto, e nemmeno il nero o il grigio. Se solo sapessi cosa significa, o se riuscissi a scoprire cosa pensano i giocattolai, come si immaginano che debba essere una persona, dove stabiliscono il metro. Ma da loro non si viene a sapere nulla. Suppongo che loro per primi non lo sappiano. Oppure che sappiano qualcos'altro, come me. Dicono che dovrei limitarmi a fare una bella croce su tutto. Loro stessi sono in croce.

A me non avevano sottoposto nessun questionario, altrimenti avrei almeno visto dalle loro facce come reagivano. Ma è proprio questo il punto, la gente ha dismesso la propria faccia. È una cosa per stranieri, la faccia, per registi. Noi invece non siamo neppure più stranieri, e il nostro film lo facciamo interpretare ad altri.

Così stavo camminando nel pomeriggio luminoso tra strade e tracce di frenata verso il parco, verso gli alberi e i bambini che avrebbero dovuto giocare, quando mi venne incontro quell'uomo. Sentii le mie gambe muoversi fuori dal bacino, sentii la mia paura, come se fossi lì da sola, tra sentieri e acque dove gli alberi si inabissavano, e i bambini e il chiasso, e rimaneva solo l'uomo che mi attirava e mi minacciava, come se dovesse assolvere a un vecchio incarico, come se potesse esistere solo come minaccia per qualcuno e su quella mia strada, e so che il suo incarico lui non lo conosceva, conosceva soltanto l'incedere verso di me, mentre anch'io conoscevo solo questo e il desiderio di andare da lui, e quando mi raggiunse, pensai, non mi vede nemmeno, non intende me, non posso essere io ciò che intende, e mi dispiacque per me stessa, per me che ero in cerca di un accesso senza conoscere la strada, finché non mi porse la mano e io la presi e la tirai, ed era solo un guanto, un guanto che dovevo portare, sanguinava, e c'era attaccata ancora un po' della sua pelle. E pensare che l'uomo non aveva inteso me, oppure non so cosa avesse inteso di me.

Adesso questo guanto è nel mio appartamento che non ha più una chiave. Forse, se potessi vederlo, potrei convincermi che si tratta di un semplicissimo guanto oppure che non esiste proprio, cosa che temo. Potrebbe però esserci anche una traccia che sto cercando da tanto tempo, come quell'uomo, che mi porta avanti, verso il mio filo, fuori da questo cerchio d'incomprensione – fuori dalla minaccia che solo intuisco, fuori da tutti gli incarichi dell'infanzia. Al punto da poterlo guardare e vedere, senza strappargli nulla, nulla di sanguinante che poi gli verrebbe a mancare e di cui io non saprei che farmene.

Decisi allora di inseguirlo. Non può essere così difficile. È solo che ha notato un mio dettaglio, se lo nascondo non potrà più riconoscermi. Abita sicuramente da queste parti, in questa stessa zona in cui devo portare in giro i questionari. Troverò la sua porta e cercherò le sue strade. Mi porterò dietro la mia piccola Rollei e immortalerò tutto quello che fa.

E adesso tutti i documenti sono chiusi dentro. La chiave non apre più. Il guanto è appoggiato sul tavolo. Per quanto tempo io abbia abitato con il guanto non lo so più. Forse una sola notte, o un anno.

Devo smetterla di pensare continuamente a quell'uomo. Le erbacce dovrebbero essere estirpate. Devo mantenermi lucida. La chiave non apre, non c'è, è stregata. Un tempo, quando perdevo la chiave, andavo semplicemente da amici.

È una cosa che può succedere a chiunque.

Ma la donna in sedia a rotelle mi ha mandato via. Forse aspetta qualcuno, forse vuole stare per conto suo.

Anch'io volevo starmene per conto mio.

Dell'infanzia non so nulla, ha detto. Solo immagini, ma non sono collegate tra loro. I colori di allora. Se avessi fame, mi ha chiesto.

Ma veramente non riesce a ricordare niente?

Sensazioni, ha detto, mi dia pure il questionario.

Io non volevo. Perché lì non c'era scritto niente delle domande che le avevo fatto.

E come vive, così, del tutto senza ricordi?

Ricordi? Ero una bambina autistica, dicono. Fisicamente sana. Questa cosa qui è abbastanza recente.

Ha indicato le gambe che non vedevo sotto la coperta. Sentiva freddo a quelle gambe?

Avevano paura di me, ha detto, perché non riuscivano a trovare un accesso. Volevano che provassi come doveva essere la vita. È una cosa che ho capito soltanto dopo. Quando mi misero in guardia da me stessa. Mi avevano tirato fuori da me stessa, mi avevano distratto da me. Allora il gioco ricominciò da capo, perché anch'io li avevo distratti dalle loro faccende quotidiane. Non ci sono storie di me da bambina.

Ma non è nemmeno un po' curiosa?

No, ha detto. In me si poteva solo credere. E loro hanno creduto in me accanitamente. Se non lo avessero fatto, sarebbero caduti insieme a me. Ancora oggi.

Non so se abbia continuato a parlare. Io improvvisamente ricaddi su me stessa. Il desiderio di essere creduta, che non ero mai riuscita a esprimere. Le lusinghe, la voglia di avvincere gli altri, avvincerli per essere presa sul serio. Una voglia che cresceva e cresceva, finché crebbe questa immagine di me, più grande di me stessa, e non rimase che credere a questa immagine.

Di me raccontavano storie.

Ancora oggi io racconto le loro storie su di me.

Quando mi arrampicai sul ciliegio, dicono avessi cinque anni, e non scesi nemmeno quando fece buio.

Le foglie mi nascondevano e non c'era alcuna scala, e dicono che mi addormentai tra i rami. Dicono che lo abbia fatto, e l'avrei fatto volentieri, ma non penso proprio di averlo fatto, perché avevo paura del buio. Ancora oggi ne ho timore. E ciononostante lo racconto, anche senza motivo, e consento che venga raccontato. Il motivo, la rabbia, l'offesa di cui mi ricordo non si possono raccontare.

Poi mi ha mandato via, la signora in sedia a rotelle.

Adesso se ne vada, mi ha detto.

Non ci si può sedere in case d'altri e iniziare a sognare. Ma i questionari non glieli ho dati.

Anche quell'uomo dovrebbe imparare a non offrire qualcosa che si può strappar via, che si dissolve in nient'altro che piena soddisfazione. Soddisfazione in un atto di amputazione. La sua mano ora sanguina, e quelli che sono con lui lo vedranno, loro che lo amano.

E così sono qui davanti alla mia porta serrata. L'amico morto a tavola, davanti al mio guanto, adesso calmo, e senza nemmeno la bottiglia davanti. Solo il guanto, incrostato all'interno, mentre io vorrei raggiungerlo, trovare la sua orma, ma l'amico morto non può aprirmi, non mi sente. Il lutto negli occhi dell'uomo che si era diretto verso di me. Intendeva me o qualcosa di me che io non conosco.

Devi scalare sette montagne, ma sono sette per sette quarantanove, e di notte mi si intima di scendere dalle scale, e mentre di giorno mi arrampico su, e di notte mi arrampico con una corda, le scale portano solo giù, e sbaglio strada verso le città all'altro piede dei monti.

E dov'era l'uomo che risvegliava in me questi ricordi? Non ero stata felice, non era felice, lui?

Quando lo incontrai, nella destra teneva una sigaretta e la sinistra era infilata nella tasca del cappotto.

Non riesco a capire bene cosa ci sia sul tavolo. Se adesso mi si chiedesse se voglio entrare, non saprei cosa rispondere. In realtà passo di qui solo per abitudine, nel tragitto verso il lavoro. Là dove vado e interrogo le persone, dicono solo sì, no oppure niente. Questo fa bene al mio portafoglio. Mi pagano soltanto questionari svolti al completo.

Nel collegio delle suore mi hanno dato una stanza, avevo detto che venivo da fuori e che ero lì perché dovevo porre tutte queste domande. Non volevano sottoporsi alle domande, visto che evidentemente sono ben oltre, non sono un modello utilizzabile, e anche dei giocattoli non hanno considerazione, dato che sanno giocare e hanno tempo.

Queste donne dalle ali bianche sorridono sempre, quando passo loro accanto. Poi scivolano via silenziose nelle loro celle o verso le orazioni o che ne so io dove. Come se fossero costantemente in fuga.

Io sono qui soltanto perché la stanza è a buon mercato.

Loro invece sono qui e basta, e penso che sognino quel che c'è fuori. Conservano questo mondo con i loro sogni. Con sguardi bollenti, pieni di desiderio, che vestono di rinuncia. Le loro storie giungono in questo tempo da altri secoli, eppure esistono qui e ora. Ma sopra a tutto, la volontà di non vivere. Di annullarsi in qualcos'altro, di più grande, qualcosa di più grande che vive appunto qui, e di soffrire per la propria inutilità, rintanarvisi e soccombervi e da ciò derivare la propria utilità. Non dover parlare, con le persone e delle loro cose, e avere il tempo unicamente per se stesse, tutto e solo per se stesse. Ci hanno portato la loro fede da altre dimensioni. Senza chiedercelo.

Vivono in un altro tempo.

Ieri la piccola monaca mi ha sfiorato con le sue dita di cera, mentre stavo attraversando il lungo corridoio per andare all'aperto. E il suo sguardo proveniva dagli occhi del corpo.

Il territorio da cui proviene lei, invece, è sorto da ossa umane, millenni, il corpo della gigantessa. È cresciuta attaccata ai suoi seni, su un prato infinitamente verde, e le sue lacrime scorrono senza sosta, perché è sola, e soltanto queste lacrime la collegano al flusso del tutto. È il mare che sciaborda contro le sue cosce, ma che non raggiunge mai i suoi seni, in mezzo ai quali gli esseri umani vivono al sicuro e desiderano andarsene via, stanno lì con se stessi agognando un altrove. La forma più antica di rinuncia. E vedono con gli occhi del corpo. Da dove proviene lei, provengo anch'io.

Rinuncio al diavolo. E i capelli cadono sul pavimento di marmo bianco e con loro l'odore di bosco, che si incenerisce in incenso. E i capelli cadono e si contorcono e strisciano sul pavimento. E l'odore diventa più forte, e celebra se stesso e rifugge i muri, mentre fuori muri si innalzano.

Rinuncio al mondo, mi ritiro all'interno della torre di Babele per non perdere la mia lingua. Conosco la strada.

Lui deve soffrire, le ho detto.

Hm?

Soffrire, capisce? Per me. Se non lo fa, mi tocca morire.

Finché è disposto a lasciarmi cadere, giù in fondo, e schiantare, non posso fare niente per lui.

E la fede?

Avrò fede. Crederò in lui. Credo ai miracoli, guardo il mondo con gli occhi della speranza.

Lei ha proseguito il suo cammino, e da dietro ho visto che si era tolta le sue ali bianche, era vestita come me, i capelli raccolti in un piccolo chignon sulla nuca. Chissà dove andava di sera.

E così esce ogni sera e non rimane nessuno, nelle stanze fredde, silenziose, a pensare al mondo. Solo io e i miei questionari e la mia gita dalla gigantessa.

Una mosca morta sullo specchio riprende vita grazie a una goccia d'acqua.

Un giorno mi misi a riflettere sul dispiacere che mi provocava il piacere della carne. Mi accorsi che quel dispiacere era più amor proprio che non desiderio di fare penitenza.

E così non c'è più nessuno che pensi questo mondo. Non ci sono più pie donne che tendano l'orecchio al verbo della creazione. Tutti quanti escono, si riversano in un flusso di operosità. Perché mi hanno abbandonata così? Perché hanno abbandonato così il mio mondo?

Allora, nella birreria, tutti parlavano di questo mondo, ma dov'è il posto in cui è veramente vivo? Se nessuno ritiene più che valga la pena pensarlo, cosa ne sarà? Non dovrei bere così tanto, non fa bene al mio umore. Vi si posa sopra una sorta di velo che poi non riesco più a sollevare. Gli altri bevono in modo diverso. Lo so, non si lasciano andare come me. Bevono semplicemente con in testa un obiettivo, poi si addormentano. Io però un obiettivo non ce l'ho. Alberga in loro, quest'obiettivo? Si dissolvono veramente in qualcosa che alberga in loro, che è tutto ciò che sono?

Mi hanno messo sul tavolo un'altra birra, adesso. Anche questo lo so già. Allora c'era mio padre e accanto a lui la bella donna bionda, e quando avevo sete mi davano dello spumante, versavano quella roba schiumosa nel mio bicchiere. E io avevo sete.

E io ho sete. È molto semplice. Non si mettono nemmeno più a gridare quando sono ubriachi, solo a parlare di cose delle quali altrimenti non direbbero niente. Cose che dopo hanno già dimenticato. Io invece devo star seduta qui e ricordarmi tutto. Tutto ristagna, e poi improvvisamente sale su, quando sto di nuovo bene, quando tutti sono di nuovo completamente sobri e imprecano contro Dio e il mondo. Allora me lo chiedono. Allora ridiamo.

E io a quel punto non sono nient'altro che corpo, ma un corpo che è solo pensiero, e un pensiero che muta. Loro invece la mattina si svegliano, sgattaiolano fuori dal mio letto e se ne vanno senza colazione, mi abbandonano. Io sono contenta che se ne vadano, ma vorrei non esserne contenta. Ma cosa succede, se persino le suore se ne vanno? Io bevo come tutti loro. Mi aggrappo al tavolo. Cerco Dio in questo spirito che mi incorporo, o qualcosa che gli somigli e che poi fuoriesca da me.

Che mi lascino bere in pace.

Poi però mi hanno trovato un lavoro. Sembrava fosse molto importante per loro. Dicevano che avrei potuto anche far qualcosa. Lavori che si accumulano, non più cose che si devono cercare. Io già così cerco troppo, adesso sarebbe proprio giunto il momento di trovare qualcosa.

Mi hanno trovato un lavoro per arrivare alla fine del mese. Chissà di che si tratta. Un'opportunità, hanno detto, puoi esercitarti nell'espressione. Mi esercito nell'espressione, ma a che scopo? Di teatro non può trattarsi, quelli non hanno soldi, e invece i soldi me li hanno promessi. Mi hanno dato un indirizzo, per l'indomani, verso le undici. Non può neppure trattarsi di qualcosa di particolarmente serio, non si va al lavoro alle undici. Adesso non mi chiedono nemmeno più cosa vorrei fare, ho la sensazione che in un certo qual modo mi passino di mano in mano. Hanno ragione. Se me lo chiedessero, non potrei che rifiutare. Allora preferirei starmene seduta senza far niente. Ma invece voglio fare qualcosa, so che posso fare qualcosa. Forse dovrei iniziare in un'altra maniera, dovrei consegnarmi loro, insieme ai miei piani. Ma perché? A chi dovrei consegnarmi?

E quando? Finché sono sobri non mi ascoltano. Ma ce la fanno, lo so che ce la fanno. Esistenze spezzate, dicono tutti. Non è vero.

Iniziano a ubriacarsi lentamente, per entrare nel giorno. Altri, di sera, si ubriacano veloci, per uscire dal giorno. Sono più vecchi di me, non molto, una decina d'anni, e hanno tutti fallito. E io? Nella mia borsetta c'è una crema da viso contro la couperose, una crema per le mie gambe contro la cellulite. Il mio corpo contro la loro mente. E però a vent'anni erano tutti ancora messi bene, pittori, scrittori, urlatori. Non riescono a liberarsi l'uno dell'altro. Ogni volta che uno di loro è fuggito, in un'altra città, da altre persone, da una donna, da qualche parte, verso un lavoro, lo hanno sempre riacciuffato e riportato indietro. Rimangono tutti uniti come culo e camicia. Non è un buon paragone. Già, ma a che pro rimangono uniti culo e camicia?

Solo Johannes non sono riusciti a trattenerlo.

Johannes abitava da loro, più tardi mi sono trasferita lì anch'io. E all'epoca sapevo di far parte del loro gruppo. Perché ridevamo insieme delle suore presso cui non volevo vivere, e della nostra infanzia, trascorsa in modo simile. Era per lo meno ciò che credevamo, così come credevamo a molto altro. I nostri lavori li rimandavamo alle domeniche, i nostri discorsi alla notte.

Tre sono i modi che mi hanno indicato / quando le luci la vita ci ha tolte / convien fumare, dormire, suonare / e maledirla così per tre volte.[1]

[1] Versi tratti dalla poesia *Die drei Zigeuner* [I tre zingari] di Nikolaus Lenau (1802-50), che il compositore Franz Liszt riprese nell'omonimo *Lied*. [N.d.T.]

Ma zingari noi non lo eravamo. Cucinavamo insieme e ci mettevamo persino a litigare per chi dovesse lavare i piatti. Facevamo i conti. Quanto contribuiva ciascuno. Johannes però volle andarsene.

In seguito sono andata a letto con uno, era un po' più giovane degli altri, non mi ricordo nemmeno più il suo nome. Anche con l'altro, quello con le cicatrici da vaiolo e la pancia, adesso. Allora leggevo le sue poesie. Lui non voleva, preferiva leggerle lui stesso. Ma quando notò che gli altri mi ascoltavano, se la fece comunque andar bene.

E andò tutto bene, fino a quando non arrivò al punto di non volermi più lasciar partire. Dormimmo in quel grande albergo, l'hotel di lusso di suo cognato. Il lago di notte era calmo e l'acqua profonda e fredda. Decisamente troppo fredda. Mi opposi. Un luogo così me l'ero sempre immaginato come adatto per sognare. Se ne accorse, doveva accorgersene. Mi ritirai in me stessa, volevo stare da sola sotto quegli alberi pesanti, rilassarmi dentro la barca. Emergevano nomi, continuamente nomi che suggerivano qualcosa. Mi sedetti sul fondo, le ginocchia piegate e le mani sotto le ginocchia, gli raccontai di Johannes. Di Johannes e me.

Gli raccontai di Haga Zussa, creatura a cavallo tra due mondi. Di come *Haga* divenne *Hexe*, strega. Mentre invece significa solo *Hag*. Il luogo del bene.

Sul versante sud delle Alpi però si rammenta ancora *Zussa* dai capelli crespi, colei che va a cavallo. Si trasferisce nel luogo del male e lo domina. E i bimbi ridono dello strano suono di quel nome, e sono contenti quando li chiamano così.

Haga Zussa. C'è un grande malinteso in ciò che diciamo. Perché sentirsi e non sentirsi a proprio agio hanno lo stesso significato. C'è sempre una siepe che ci circonda, di spine e profumo e piccoli fiori bianchi. Haga Zussa cavalca attorno al grattacielo in città. Anche all'hotel qui nella riserva. Non vorrei che lo si dimenticasse.

Lui però non voleva prestare ascolto a niente. Mi aveva nascosto le scarpe.

Mi svegliai del tutto solo quando sentii qualcosa di caldo colare sul mio mento, quando il colpo smise di echeggiarmi nelle orecchie. Nello specchio vidi il mio labbro gonfio, spaccato. Non faceva male. Ma sentii crescere dentro di me la rabbia, cieca e ingiusta, presi la rincorsa e gli diedi un calcio nei testicoli, lui si piegò, io strisciai scalza fuori dall'hotel, di notte, nel bosco affacciato sul lago.

Da allora mi dà del lei e mi bacia la mano, quando sono presenti altre persone. Perché ci penso proprio ora? Forse perché sono seduti lì al tavolo accanto, e io non so dove andare, e ho perso la mia chiave, e le suore mi hanno sbattuto fuori.

Lei ha un appartamento qui, nevvero?

L'hanno scoperto. Quindi niente più misericordia, indagano tra le circostanze del mondo e adesso la stanza serve loro per una donna che è scappata via dal marito. Una di quelle storie che si pensa possano accadere soltanto nei ghetti. Questo poi non le bacerà la mano. Né lei se la farà baciare. Eppure sono di nuovo del tutto sobria, almeno credo. Domani passerò di lì e domanderò alla donna della sua infanzia.

Potrei chiedere a uno di loro di ospitarmi. Ma non posso. Se ne scelgo uno è finita, non posso farlo. E se chiedessi semplicemente chi ha un letto per me, stanotte? Si metterebbero a ridere e si inventerebbero un gioco qualsiasi. È una situazione che conosco, da allora, da quando comparve la studentessa di matematica che leggeva la mano alla gente. Improvvisamente ebbero tutti mille mani per i suoi occhi azzurri. Ma anche lei li conosceva, come conosce tutte le mani. Nessun talento, disse, per la fortuna, i soldi e il canto. Si misero tutti a ridere.

Restituirò semplicemente il guanto a quell'uomo. So dove abita, nella grande piazza dietro la stazione della metro. Via Spinoza 21, secondo piano. Una larga scala, lato anteriore. E per andare da lui, passerò nel parco tra le coppie, che non ne saranno contente, e per un secondo avrò modo di percepire cosa sta succedendo tra di loro. Poi mi congederanno. E io mi ritroverò lì, in mezzo alla via.

Signore, dirò, questo è suo.

Questo è un guanto, dirà lui.

Sì, ma è suo.

E lui mi guarderà, guarderà dalla punta dei piedi fin dentro i capelli.

Ieri l'ho visto mentre si recava al lavoro. Una borsa sulla spalla destra che non è adatta a lui. Forse l'ha presa in prestito. E occhi che non gli appartengono, credo. Appartengono alle rughe sulla sua fronte. Non sa che lo sto inseguendo. Crede che siano altri a inseguirlo, che invece non lo fanno affatto.

Signore, dirò, se dovessimo rivederci…

No, non posso. Non deve vedermi.

Gli farò altre foto ancora. Per tutto il giorno. Poi le metterò in mostra. Una mostra fotografica: *Un uomo per strada*. Oppure: *La giornata dell'uomo per strada*.

Allora si riconoscerà. Si ricorderà del guanto. O forse se ne è già accorto quando è arrivato il freddo, quando è piovuto sulle strade per le quali si aggira. Si è infilato una mano in tasca. Mi hanno detto che scrive cose interessanti. Ma che ci sarà poi di interessante… Io lo vedo tutti i giorni mentre esce alla ricerca di qualcosa di nuovo, perché ciò che è vecchio possa essere scordato. E se non trova niente, allora di sera non è tenuto a rincasare. Se trova qualcosa, deve invece scrivere. E niente ha un senso. Solo quando qualcosa odora di inchiostro da stampa.

Un mucchio di formiche, nere e operose e inutili.

Ovunque si aggiri, dappertutto. Sicuramente lo diverte ancora. Scrivere, soltanto quello.

Divertirsi. Divertirsi lavorando. Lo pensavo un tempo. Lo penso ancora. Solo quel che si adatta è qualcosa di diverso. A me diverte fare. Come adesso, mentre osservo quell'uomo. Ma loro dicono che non basta. Oppure le mani. Fare dei fori nella parete. Riempire un contenitore di zucchero. Raccogliere mele da un albero. Raccontare solo per il gusto di raccontare.

Se gli suono e apre una donna, che faccio? Dirò buongiorno e chiederò di quell'uomo. E lui non ci sarà.

Oppure mi porterò dietro un questionario. Mi fermerò sulla porta e la guarderò mentre risponde. Poi lascerò semplicemente cadere il guanto e me ne andrò via.

Ma non ho voglia di accollarmi tutto questo. Le persone estranee possono fare cose che non vorremmo riconoscere in noi stessi. Ma se invece ci diventano familiari? Adesso il guanto è nell'appartamento e io non posso tirarlo fuori. Così posso solo porre le mie domande e osservare e trattenere ciò che vedo e ricordarmelo. Non posso restituire nulla.

È qualcosa che lascia tracce di frenata sul corpo, ha detto la signora in sedia a rotelle.

Oggi pomeriggio sono nuovamente passata da lei. Mentre ero giù al portone ho improvvisamente pensato che avrei potuto chiederle se non avesse per caso trovato la mia chiave nel suo appartamento. Poteva anche essere. Nello stesso momento mi sono guardata attorno e ho visto quell'uomo che svoltava l'angolo. Veniva da una strada laterale, perso nei suoi pensieri esattamente come allora, mi veniva di nuovo incontro, ma io mi sono piazzata nell'atrio d'ingresso, ho premuto il mio corpo contro la parete, sbirciato con un occhio la sua andatura, un'andatura pesante, non leggera come mi era sembrato al parco. Ha oltrepassato me, la casa, e proseguito. Con gli occhi l'ho visto attraversare la strada, guardarsi attorno, ma solo per poco, prima a sinistra, poi a destra, non indietro, poi l'ho visto proseguire, ma solo nei miei pensieri.

Tre strade più avanti, dove la gente è solita incontrarsi, dove capito spesso anch'io, l'ho visto cercare un tavolo, con lo sguardo, passando in rassegna tutti i tavoli, l'ho visto sorridere, qua e là, sedersi a un tavolo, uno qualunque, dov'era già seduto qualcuno. Ma non ho visto l'altra persona. Solamente come lui si è chinato verso di lei, stampandole un bacio in fronte. Sulla fronte? Sì, era all'altezza della fronte. Adesso lo sentivo parlare. Si stava scusando per il ritardo.

Perché arriva sempre in ritardo? È una mancanza di attenzione. Io a questo riguardo sono molto sensibile, so che a lungo andare non potrei sopportarlo. Adesso abbiamo esattamente due giorni di ritardo. Due giorni interi.

Lei sta seduta qui, a questo tavolino, a questo tavolo rotondo, davanti al piano in marmo, percorre con l'indice le venature, beve ogni tanto qualcosa da una tazza bianca, il cameriere la riempie quando è vuota, lei non sa mai cosa versi dentro.

Per arrivare fin qui ci ho messo un'intera settimana, lo so.

Prima che tutto si risolva da sé per omissione, sono venuto qui, dice lui. Quel che pensavo non avrà luogo, aggiunge.

La notizia. Non dovevo chiedere cosa intendesse? No, non devo chiedere, perché lo devo sapere.

Non potevo chiedere, visto che ero nell'atrio.

Così salii le scale senza sapere più cosa volessi lì. Oggi sorrideva. Infanzia, rise verso di me.

Ecco che arriva la bimba delle chiavi. Disse così, la signora in carrozzella. Stava veramente sorridendo. Com'era diversa la sua espressione oggi, sembrava quasi essere felice della mia visita, sembrava osservarmi, adesso.

Vieni, ho qualcosa da mostrarti. Ho lavorato, ho fatto qualcosa – e sulla sua sedia a rotelle si spinse velocemente verso il tavolo alla finestra dell'erker, e io notai per la prima volta che da lì poteva vedere la strada. Steso sul tavolo c'era qualcosa, di grande, colorato, colori che non avrei mai immaginato, era fuoco, giallo e rosso con punte viola, ardente e doloroso allo stesso tempo, consolante e di piume leggere su una rete, appena tenuto insieme, non avrei mai osato toccarlo, tanto pareva fragile quell'opera creata sulla sedia a rotelle, destinata al riposo, pensai, e rimasi muta per la meraviglia.

Lo sollevò. Era effettivamente qualcosa di uccellesco. Non si disgregò.

La sensazione di avere in mano delle piccole oche, creature morbide, gialle, tremanti, di voler bene, stringere forte.

Conosci la storia dell'uccello di fuoco?

Quanto lontano, nella mia infanzia, si trovava il gusto della favola. Il gioco e il guardare con gli occhi della meraviglia. Era la sedia a rotelle a condurla a queste sponde?

Aveva a che fare, tutto ciò, con quelle quattro mura? Da un angolo adesso vedevo anche la stanza del mio appartamento. Di sbieco, dalla mia finestra avrei potuto guardare nella sua stanza.

Da quant'è che abiti qui?, chiesi.

Da parecchio, disse. Dopo l'incidente ho sempre abitato qui.

Prigioniera, dunque, qui. Passai la mano sul vestito, morbide piume. Chissà chi gliele procurava, quelle piume. Come le ordinava. In base alla loro natura, alla grandezza? Provenivano da animali particolari? Le tingeva lei?

Stai ancora aspettando che arrivi qualcuno ad aprire il tuo appartamento?

Aspettare? Io? No, naturalmente io non aspetto.

Sorrise nuovamente.

Me lo ricordo, fece. Dicevamo di non voler buttare via il tempo aspettando, come le nostre madri. Ma non avevamo mai nulla da aspettarci, salvo gli umori. A un certo punto ci mettemmo in moto, verso il giorno delle azioni, verso il governare, l'amministrare. E così aspettiamo incidentalmente, con la mano sinistra, mentre la destra scaccia via la speranza.

Cosa intendeva? Che dovevamo di nuovo aspettare, anziché prenderci ciò che è nostro diritto?

Intendo, disse, qualcosa di diverso, di forte, che è radicato in noi stesse. Intendo il tuo smarrimento.

Aspettare contro lo smarrimento?

Trovare una strada, intendo, non cercare, trovare. E la pazienza di percorrerla.

Percorrere, pensai. Correre sulle proprie gambe. Era lei ad avermi attirato lì dentro? Con cosa mi attirava?

Ti ho vista mentre osservavi quell'uomo. Cos'è che ti ha portato via, e che cosa tu a lui, tanto da non riuscire a staccargli gli occhi di dosso?

No, non c'entra nulla.

Presi il vestito piumato dalle sue ginocchia, lo tenni davanti al mio corpo e pensai, con questo si dovrebbe danzare. Ma mettermi a fare dei passi di danza di fronte a lei sarebbe stato crudele. Qualcosa di malvagio ora le brillava negli occhi.

Non sai danzare?

Le spalle si alzarono per conto proprio, ebbero un sussulto. Avrei dovuto evitarlo. Perché finivo sempre per combattere? Perché questo crampo nelle membra, nei pensieri? Dovevo sempre essere tradita?

È qualcosa che lascia tracce di frenata nell'anima, disse. E della chiave non sapeva nulla.

Ci eravamo improvvisamente date del tu, come se ci conoscessimo.

Euridice. Perduta per impazienza. Nelle versioni più antiche, però, veniva riportata fuori dall'oltretomba. Cosa che non nuoceva nemmeno al canto di Orfeo. Così le Menadi a quel suo canto non dovevano rinunciare. E le donne inselvatichite non venivano stanate per dilaniarlo.

Qualcosa è andato in pezzi nel nesso tra dolore e canto.

Qui, nel parco, lotto strenuamente contro i miei ricordi. Qui lotto contro le mie sette morti. Dalla donna in sedia a rotelle me ne sono andata come una bambina testarda. Di nuovo la testardaggine, di nuovo la bambina. Rappresenta forse un pericolo per me? Mi ricorda Uta. L'immagine di Uta affiora davanti a me, sotto i glicini che stordiscono. Affiora e stordisce. Non l'avevo quasi vista. Mai da vicino, mai stretta la mano, dato un bacio sulla guancia, nemmeno una volta sorriso in tutti quegli anni in cui abbiamo abitato insieme.

Forse è di nuovo il vino, quello selvatico. Sempre, sempre quando ci sono accenni di pensieri lui brucia dentro, e li brucia via, infine.

È vero, dovrei mettermi a fare qualcosa, invece di star seduta nel parco. Ma della perdita della mia chiave non mi libero in nessun posto. Un tempo, quando non sapevo dove andare, mi immaginavo viaggi fino alla fine del mondo, nuotavo sul fondo degli oceani, e poi qualcuno mi accoglieva. Qui in città c'era ancora più spazio, allora. C'era maggiore spazio per i miei pensieri. Adesso persino i sogni sono prigionieri di storie passate. Stanotte è stata Uta a stanarmi. Ho visto il suo viso regolare, bello, di fronte a me, vicinissimo, si è chinata, mi ha sussurrato qualcosa nell'orecchio, e io dopo ero contenta. Non lasciartelo sfuggire, ha detto. E io ero certa che non me lo sarei lasciata sfuggire, ma cosa, di cosa si trattasse, non lo so.

In realtà non ho mai parlato con Uta. Come portava i capelli raccolti in una crocchia o una coda di cavallo, qualsiasi pelucchio tirato accuratamente via dalla fronte. Uta, sempre con il suo impermeabile. Aveva spalle strette nonostante il molto allenamento, e sopra? Rosso, magari, oppure giallo? I suoi foulard erano così, ma neppure un centimetro di pelle lasciato al ricordo. Portava indumenti morbidi, elastici per i suoi movimenti, oppure pantaloni soffici di cotone greco, provenienti forse dalla Turchia, o dal Maghreb. Dai suoi molti viaggi. Di Uta conosco solo l'assenza.

Scarpe basse in corridoio, sotto il guardaroba, scarpe da corsa, per piedi grandi. Sotto la doccia, di mattina, la sentivo cantare e la cosa mi irritava. Come si poteva essere così allegre? Come poteva essere che tutto in quella casa si sintonizzasse sulla donna invisibile? Si faceva silenzio quando lei dormiva, ci si muoveva quando lei era via.

E lei era quasi sempre via.

E poi la sua ira quando liberai l'appartamento dai fiori appassiti. L'appartamento era sempre pieno di fiori, senz'acqua, Uta li deponeva in un vaso qualsiasi e poi li dimenticava. Si seccavano, assumevano sfumature di colore più delicate, si rimpicciolivano e venivano messi in qualche angolo. Finivano ricoperti di ragnatele. Sotto la lampada bassa tutto ciò disegnava gigantesche figure sulle pareti, mi facevano paura.

Forse fu allora che in me si risvegliò la nostalgia per un luogo. Un luogo in cui rimanere. Ma quella casa non era che l'ennesima, semplice ripicca. Non c'era nessuna ragione per cui dovessi vivere proprio lì, salvo il fatto che non ne avevo un altro, di luogo, salvo Johannes, che si era trasferito, più tardi, che era morto, poi.

E non cercavo. Fu allora che sentii Uta gridare. Fu allora che la vidi da dietro, vicinissima, con la coda di cavallo ondeggiante, fu allora che pensai che le si dovesse spezzare la testa, che ebbi una grande paura per lei e per me, e per lei ed Eckehardt, il suo fidanzato. Allora capii di essere fuori luogo. Allora mi sarei voluta dileguare in silenzio. Allora mi accorsi per la prima volta di essere inchiodata, che non serviva a niente liberarsi dei fiori, che le ombre rimanevano lì incollate e non mi avrebbero lasciata, le ombre dei fiori appassiti.

Solo dei movimenti di Uta riesco a ricordarmi. Anche quelli a grande distanza, su palcoscenici a buon mercato. Sgradevole all'inizio, mi sentivo nuda in mezzo a tutti loro, vestiti, sorpresa durante un movimento, lento, crescente, come alla ricerca del luogo del piacere. Perciò dentro mi saliva odio, come poteva mostrare tutto ciò, sventolarlo, vedete, si fa così, sentivo i suoi capezzoli rizzarsi sotto quella roba sottile di nylon, la mia pelle iniziava a incresparsi, quando improvvisamente mi lasciava cadere, con un piccolo, chiaro gesto, madida di sudore e confusa, sulla sedia dura dei biglietti a buon mercato, il mio osso sacro toccava legno, ero di nuovo sola con lo sguardo fisso in avanti, dove si danzava.

Allora pensai, una donna che vuole stare con Eckehardt non deve saperne nulla. Altrimenti avrebbe provato a scuotergli quel corpo dall'anima, avrebbe dovuto provare, perché altrimenti non sarebbe stata capace di sopportare tutto ciò, visto quant'ero ridicola, anche solo quando alzavo un braccio.

La danza, la chiave per il paradiso. Allora avevo paura del paradiso. Allora scatenava dentro di me sensazioni di vergogna, come quasi tutto ciò che si può solo immaginare, che si consuma nei sogni, che non prende mai veramente vita. Ma io non sognavo il paradiso, solo questa condizione di totale amor proprio, di totale immersione.

A un certo punto, improvvisamente, Eckehardt mi fece pena. A un certo punto, improvvisamente, mi accorsi che in tutta la casa nessuno si era mai preso cura della danzatrice, salvo Johannes. Non era affatto rispetto ciò che ci faceva ammutolire, quando lei arrivava, bensì noncuranza. Eppure pensavamo che tutti gli esseri umani dovessero essere in grado di danzare così.

Tutte le figure fanno parte della stirpe tra sé imparentata dei fondatori.

Così ho letto nel vecchio libro. Me lo ha regalato la signora in sedia a rotelle. Mi ha messo in mano il pacchetto e ha detto, ti sono sempre piaciute, no? Le figure del duomo di Naumburg. Eckehardt, il mio amante sin dal primo contatto con l'arte.

Ma davvero persone hanno nomi così?

Riesco a ricordarmi delle mie dita disperate, che dalla pressione non riuscivano a derivare la pienezza della forma. Chiudere gli occhi e ammassare l'aria sottraendola alla stanza, finché dietro le pupille compaiono le figure dei fondatori, Uta di Ballenstedt, la bella donna accanto a Eckehardt II. Cos'era quell'espressione sul viso della donna al suo fianco, e di Regelindis, la ridente?

Lo strano fascino della signora in sedia a rotelle. E so anche, ora lo so, perché non l'ho riconosciuta subito. Per vergogna, perché non avrei mai più voluto rivedere Uta.

Dev'esserci molto in mezzo. Forse sono le continue domande a rendermi sorda e cieca. Domande alle quali non può essere data risposta. Ovvero, nessuna che valga in qualche modo la pena di approfondire. Solo come insieme simili risposte sono nuovamente pensabili. E io questo insieme non riesco a comprenderlo. Posso soltanto contare ciò che è presente, come un corpo. Come il tuo corpo, Uta, che non volli contare.

Devo rimanere a terra. Ancorata al reale. Infatti, non è vero che non conoscevo Uta. Adesso che l'ho rivista con gli occhiali scuri in sedia a rotelle, sono costretta a ricordare che l'avevo ben riconosciuta. Come avrei potuto altrimenti conoscere la sua assenza?

Su Uta ho addirittura riflettuto. Non del tutto volontariamente. Sapevo persino della sua infanzia, dai racconti di Eckehardt, ed era nel periodo in cui iniziai a richiamarmi alla memoria la mia infanzia in modo diverso.

E non c'erano più i giochi selvaggi con Johannes, nessun tempo illimitato, incustodito. Mi ricordai dell'attenzione che mi si dedicava. Mi tornarono in mente passeggiate, cose che mi spiegavano, la relazione tra piante e animali e i loro nomi e il cantare degli uccelli e il crescere delle piante. Tutto ciò era nebbiosamente da qualche parte, e l'ho di nuovo dimenticato. E se fosse stato solo desiderio che fosse così? Se mi fossi immaginata anche la cosa con Johannes, accovacciata sulle scale?

A lui però non posso più chiedere. All'epoca avrei potuto, ma facevamo altro. Dopo non ho fatto altro che ascoltare i racconti di Eckehardt sull'infanzia di Uta.

Nella casa del noto editore di A. si annunciò in grande stile la nascita della figlia, accompagnata dagli auguri di tutti i collaboratori e amici, e dai brindisi di quelli che sarebbero voluti diventarlo. Sembrava che anche le fate buone avessero riversato dodici-volte-dodici i loro ricchi doni sulla bambina. E per dodici volte doveva venirla a trovare la tredicesima, quella non benevola, quella con la maschera sugli occhi. Si parlava soprattutto di questa bambina bella e viziata. E non della tredicesima fata, e non della propria madre senza parole.

La donna serena, che nonostante tutto cerca di ottenere amore, che nonostante tutti i contraccolpi è consapevole della propria amabilità. Che sa al di sopra di ogni cosa. Io non riuscivo a ricordarmelo, questo sapere. Non aveva niente a che fare con ciò che pensavo mi servisse. Il sapere mi sembrava come un'ebbrezza, misurabile, profonda nel sangue della rinuncia. E sapevo solo che misuravano qualcosa di me.

Era questo ad affascinarmi dell'infanzia di Uta. Il solido sapere di sua madre, da libri e oggetti. Il muro che veniva eretto. Eckehardt mi raccontò che lei aveva avuto troppo poco tempo per sua figlia, perché lavorava, era bella e ambiziosa, e non se ne prendeva cura. Io però sapevo di più. Che Uta aveva dovuto proteggersi da questa mancanza. Che era Uta a costruire muri. Che lei, la bambina, non voleva capire.

Mentre Eckehardt raccontava, io fumavo sigarette, infilavo perle di vetro, sfogliavo. Era al limite dell'autismo, disse. Non voleva ascoltare. Non voleva non capire, dissi io. Non avrei dovuto dirlo. Eckehardt iniziò ad agitarsi. Vidi le sue vene gonfiarsi sulla fronte e sul collo. Cos'era che doveva difendere di questa donna? Perché doveva essere vittima? Messa a disposizione come vittima? Vittima in questa vecchia immagine, in cui non c'è nulla da espiare, un sacrificio che non porta salvezza.

D'altronde, cosa l'avrebbe portata a comprendere, se non la tata in carne e ossa, che era semplicemente lì, bocca sorridente e truccata di rosso, e giocare ad acchiapparsi, solidità e allegria? Oppure le lezioni di danza, pianoforte e lingue, che vennero sospese nella grande villa, perché la figlia scuoteva la testa e si ostinava a mordere l'orlo dei suoi pantaloni? I libri che c'erano, nomi che non solo venivano pronunciati, ma prendevano vita e comparivano per l'aperitivo o per il tè del pomeriggio. Zio e zia.

E la madre che leggeva libri. La madre nella parola, nelle lettere dell'alfabeto. Quanta strada avremmo dovuto percorrere nella sua direzione, Eckehardt? L'infanzia di Uta. Una madre legge libri sulla malattia di sua figlia. Le donne che leggono, risalenti al mio periodo dei libri illustrati. La Madonna che legge, di Lorenzo Costa. Più tardi, in un unico viaggio da Dresda a Naumburg, non portato a termine. Costa era coperto, Naumburg chiuso. E l'Annunciazione del vecchio Tiziano. Lo sgomento sul viso della donna che sta per essere trasformata in partoriente. Non una madre lieta. Un avvoltoio sacro, annunciato dall'angelo, le si precipita addosso. Qualcosa di mostruoso. Spaventata, sussulta. Cosa faranno gli esseri umani quando nascerà questo bimbo?

La malattia di Uta. La consolazione nella parola: guarigione, essere guarita, guarire, rimanere guarita. Nessuna donna che legge libri. Solo odori più forti, solo mani più salde sulla fronte. Misurare pensieri. Che non diventino spavaldi, che non tracimino in ulcere e febbre. Raffreddare il corpo, e molta acqua purificante. Lenimento. Labbra sulla fronte, assorbire il veleno. Una trasmissione orale, un sapere diverso.

Togliere una colpa dal corpo bambino, essere forti, più forti di qualunque colpa.

Che non si trovava una soluzione, che non si sapeva che fare con Uta. Una bambina criptata.

Pensai, probabilmente ha recitato, e ad un certo punto nemmeno lei se ne è più accorta. Così come per i veri bugiardi quel che raccontano è reale. Oppure pensieri che potevano tracimare nella febbre, nella danza, nel silenzioso dondolio del corpo. Una madre che sa. Che deve aspettare e lo sa anche fare. Una storia completamente diversa.

Eckehardt raccontò della grande casa e delle persone che la frequentavano e delle baldorie, probabilmente anche di scappatelle del padre e della madre, e raccontò di viaggi meravigliosi che nella percezione di Uta non esistevano. Del cagnolino che lei non amava, e dei fiori a cui strappava quotidianamente i petali. E raccontò dello stare seduti.

Uta venne lentamente portata in vita. Come se di lei fosse nato solo un corpo. Questo non l'avevo capito. Solo la musica riuscì a portarla in vita. Solo a quel punto imparò gradualmente a muoversi.

Sempre più al largo, fino a quando nulla fu più riconoscibile, nessuna voce, nessun soffio, poi solo dondolare, dondolare. Nel viso color turchese le labbra di Uta ora si erano fatte blu, arancioni i capelli, solcava l'acqua, nessuna rete qui al buio, cercare una grotta, qui, sotto dieci metri d'acqua, ancora più giù, in una grotta scura, dove nessun amo la può raggiungere, nessuna rete passare, essere più veloce degli altri, le braccia come pinne puntate verso il basso e le gambe unite, piccole crepe si aprono nel blu a destra e a sinistra, dove c'è un terreno, mamma, qui c'è un terreno, il corpo si allunga sempre di più, il corpo color turchese trascina giù Uta, è lunga come il mare, profonda come il blu, mamma, non smetto più, mai più, dammi un sasso, un sasso grigio, tienimi forte, sto sprofondando, sto affondando, e tu tieni in mano solo le mie pinne caudali, mamma, ha un sapore salato il mare di sudore, non serve a nulla conoscerne il sapore, ma tu non ci sei, non ci sei mai.

Uta cercò un terreno per il suo letto bianco, servì a poco, il mare di sudore è sconfinato, lei è liscia e sfuggente, come un serpente il suo corpo penetra nel grigiochiaro, morbido, senza piume. Ma perché subito una caduta così a precipizio? Quando ci si alza dal piedistallo non si deve mica subito precipitare giù nell'abisso. Voleva sentire terra sotto il suo corpo, terra sulla pelle, terra argillosa, vischiosa, che si appiglia ai pori, una trama di rada peluria sul lato interno, un guscio aderente intorno al corpo di Uta. Ridammi il mio colore.

Uta cercò ancora disperatamente di riportarsi su, ma subito i suoi capelli dorati rimasero incastrati in una porta di ferro nera, era attaccata alla pietra, e Uta riuscì ancora a pensare, perché, perché le grotte marine hanno porte, e pure ben serrate, quando un'onda la spalancò, trascinando via Uta e risucchiandola e scaraventandola dentro la sala luminosa, dove erano sedute persone familiari. Qui il tavolo era apparecchiato, qui doveva mangiare, dopo giorni, mesi, anni: mele e prugne.

Come facevano ad afferrarle, le sue braccia ormai pinne?

Potrebbe però essere una trappola. Forse sono velenose, oppure una fata morgana, e riemergere sarebbe impossibile. Dietro di lei la porta si chiuse con un tonfo, nessuna nuova onda l'avrebbe più aperta. Ora, dopo mille anni di campanile, il mare profondo.

Una mano sfiorò Uta, e dal suo corpo caddero squame, scaglie di color turchese si staccarono da lei, al che riconobbe il suo colore e il suo corpo, e si voltò: papà, cosa ci fai qui, quanto sei diventato grande. Così non ti ho visto mai.

Stai calma adesso, disse lui, hanno da farti molte domande. Ti aspettano con impazienza da parecchio tempo, ma tu hai esitato così a lungo, il pranzo stava quasi per diventare freddo.

Il pranzo? Uta si sedette al tavolo, voleva sedersi in fondo, ma le diedero il posto d'onore, e lei prese lentamente a camminare verso l'alto. Perché era qui? Perché la trattenevano? Lei voleva proseguire, oggi stesso. Ti abbiamo aspettato per lungo tempo, le dissero.

C'era una signora di mezza età con occhi d'uccello, una grande testa di piume e occhi. Avevano lo sguardo fisso su Uta, così Uta pensò che forse adesso avrebbe dovuto giustificarsi.

Se dovesse danzare, chiese.

E le dissero no. Non doveva danzare adesso, non doveva danzare più, mai più.

Non poteva più muoversi, le dissero.

Non voglio tornare a essere pietra, urlò Uta, e il suo grido fu così forte che i bicchieri sulla tovaglia bianca iniziarono a stridere, e continuarono a stridere sotto le risate che si alzarono e dilagarono intorno al tavolo.

Non sei mai stata pietra, figlia mia, disse un signore di una certa età, pareva un cavaliere e sembrava essere d'animo buono e ad Uta ricordava qualcosa.

Uta disse che si era alzata dal suo piedistallo per uscire dalla pietra, e che aveva iniziato a danzare e aveva danzato, e che da allora non era mai più stata di pietra. Non voleva esserlo mai più.

Come avresti potuto alzarti dal piedistallo, se fossi stata di pietra, chiese un uomo giovane che assomigliava a suo padre, ma non lo era.

E io invece mi sono alzata e sono uscita dalla pietra.

La signora ora sorrideva in modo molto amabile: era un giardino di ciliegi, non ti ricordi? Fioriva quando ancora non c'eri, e continuò a fiorire dopo.

In quel momento Uta rivide l'immagine. La lunga tavolata. E la signora indossava una tunica da suora, e gli uomini andavano e venivano. Sotto gli alberi le ragazze passeggiavano in vesti bianche, con capelli lunghi, chiari, erano tutte uguali, di squisita bellezza. Solo questi occhi d'uccello, così fissi. E sopra, nel castello, nel lindo vestibolo, vecchi tremolanti, i cavalieri, venivano chiamati dal medico. Prego, signor professore, si faccia pure una sega. Dopo essere stati muniti di sacchettini di cartone, venivano invitati a mettersi dietro un paravento, venga, per favore.

In modo solenne facevano poi ritorno passando per il giardino.

Lo sperma veniva meticolosamente ordinato, e nel sogno Uta li riconobbe, i sacchettini, i suoi padri.

Fu allora che venne raggiunta, riportata indietro, a dispetto di tutti i libri, di tutti i padri, a dispetto di tutte le madri. L'acqua fu barattata con la musica, l'incantesimo era rotto. Apriti, sentì dire se stessa, e pian piano il giorno le stillò dentro con tutti i suoi movimenti, odori e rumori.

Ero seduta qui allora, dove oggi conto i miei questionari, ed entravo in sogno nell'infanzia di Uta, senza che Eckehardt se ne accorgesse, e comunque non gliene importava. Che assurdo questo contare. Dovrei procedere con ordine, come mi è stato detto di fare. Dopo non riuscirò più a ricordarmi le singole case, quando alle immagini delle persone si sovrapporranno altre persone e altre case e altri problemi. Così sono costretta a riguardarmi continuamente i questionari compilati e cercare di creare un collegamento con le facce di coloro che hanno disegnato crocette nelle piccole caselle quadrate. È come se così potessi almeno trattenere qualcosa, un minuscolo sentore di tutto ciò che qui avviene e di cui non capisco niente. Come se potessi creare un collegamento tra il mio salire le scale, la mia voce e il sorriso o il non sorriso delle persone. Allora torno nelle loro case e dico di aver dimenticato qualcosa, ma loro non ci sono quasi mai più, aprono altri, che non mi conoscono e che forse neppure riescono a credere che sia passata di lì la mattina con un questionario e che cerco soltanto la mia matita. Non capiscono nemmeno come si faccia a salire cinque piani di scale soltanto per una matita, e cercano costose stilografiche che ovviamente nei loro appartamenti non ci sono, e ne sono felici, perché so che sono convinti che gliele ruberei. Mentre in realtà non sono affatto capace di rubare, non ci ho mai provato, a parte qualche volta, quando non avevo soldi, e potrebbero ben sapere che se lavoro con i questionari io guadagno soldi e non ho alcun bisogno di rubare.

Ma penso che sappiano qualcos'altro di me. Sicuramente ce l'ho scritto in faccia che non ho un appartamento in cui abitare e che vado nelle loro case e vorrei dire, apriti, e sedermi con loro e parlare delle loro cose e delle mie e ascoltarli, ed è per questo che sono così felici che tutto sia così ben serrato e che non siano costretti a farmi entrare, nemmeno per i questionari.

Ero seduta qui, allora, e volevo andarmene da questo giardino e da questa città, volevo andarmene dall'intero Paese, quando arrivarono con questo lavoro per me, perché ero la fidanzata di Johannes e abitavo da Eckehardt e Uta e non potevo star lì seduta tutto il giorno in birreria. All'epoca ero ancora immersa in Marieluise Fleißer. Riflettevo su come ci si dovesse sentire in quegli anni, quando eserciti di donne si trasformarono in impiegate. Pensai a Ingolstadt e ai soldati e a mio cugino, di stanza lì, dagli americani, e alla lingua dei soldati che volevano imporre a Marieluise Fleißer. Avevamo un progetto, all'epoca, con Johannes, sull'infanzia di Madre Coraggio. Io avrei dovuto recitare la parte della soldatessa, questo essere ermafrodito, e l'unica cosa che prese forma fu la figura di una pazza furiosa. Esserefiore.

Una figura inventata.

Antica città al crepuscolo. Luce fredda. Case grigie. Sulla strada giace una bambina – nuda. La donna è in piedi davanti a lei.

DONNA

Tu, sì tu, stai sentendo?
Esserefiore, questo volevi. Esserefiore, essereveleno.
Non saperlo. Venircalpestata.
Potersoffrire.
Esserefiore.
Esserestatafiore. Radicata. Macerata.
Tu. Nonstrappata. Mai spezzata, tu.
Volevi esserefiore.
Ride.
Nondireniente.
Covareinsetti.
Chissà se stai sentendo. Esserefiore, rimanere bambina.

Qui, da queste finestre, dissero,
nessuno può uscire. Rimanete tra di voi. Non vi si può guarire.
Si china verso la bambina.
Esserefiore... Muffetta.
Si risolleva.
Oppure la normalità. Questa città.
Io la conosco: il suo nome è indifferenza.
Pietre, precetti, divieti, si erge all'ombra
dell'albero delle menzogne. Aria tiepida sopra morbida collina.
I nostri Signori l'hanno abbandonata. Immagini di dèi
silenziosi hanno preso il loro posto. Occhi d'uccello, a sette teste.
Come immortali schiacciano gli anni degli esseri umani,
intrecciano corde con le loro anime.
Chi ha nostalgia si deve impiccare.
Estraneità e pazzia abitano dimore castigate in un tempo domato.
Rime.

Io però voglio trovare un luogo. Ma non ti basta questo luogo, qui dov'è casa?, dicono. Non mettono catene, mi portano nella dimora dei malati. L'esclusione trattiene meglio di qualsiasi legaccio al mondo.

E se poi assaggi l'esibizione pietosa, belladonna, allora lasci il comando agli dèi e a pietre, precetti, divieti, e ponti e ruote e ingranaggi, precetti, divieti e pietre e alberi e fiori e tutto di nebbia di vetro.

Come esserefiore. Ha-ha-ha. Volevi.
Fiore funebre anziché lacrime denuvola profumato tutta l'umidità.
La sua bellezza non è importante.
Conforto senza lutto. C'è da morir dal ridere.
Esserefiore. Piantata in un vaso. Stare ferma.
Frantumi, solo frantumi.

Strada

DONNA

Ehilà, voi siete soldati, vero?
Perché vi nascondete? Perché non combattete?
Soldati.

SOLDATO 1

– *a voce bassa a Soldato 2* – Aspetta che abbia finito di parlare, poi forse si calma e riusciamo a prenderla.

DONNA

Siete veri, ditemi, siete reali? Vi nascondete dietro ai muri, sussurrate invece di tuonare, venite, non dico più niente, proprio più niente, altrimenti ferite di nuovo il mio parlare, come già un tempo. Io parlo soltanto alla mia anima, ma lei non risponde. Non c'è più. Guarda altro. Siete soldati? Perché non combattete? Contro il nemico. Trovare nemici! Cercateli, scovateli! Difendeteci. Ma…

Soldati spuntano da dietro le case, incedono minacciosi verso di lei.

… ma questo che significa? Io no di certo. Io. Certo. Ma se non vi faccio niente, sono disarmata, una donna, ancora ragazza, una bambina, una bambina piccola, molto piccola, nuda.

SOLDATO 2

È lei.

DONNA

Io.

SOLDATO 1

Lo sapevamo, no, che l'assassina si sarebbe fatta viva da sola.

SOLDATO 2

– *la prende con la mano* – Adesso confesserai.

DONNA

Mica crederete…

SOLDATO 1

Vuoi negare l'evidenza.

DONNA

Siete completamente fuori di testa.

SOLDATO 2

E tu saresti completamente in te. Prima getti dalla finestra la carne della tua carne e il sangue del tuo sangue, e poi ti metti a piangere per il mondo.

DONNA

Io? La mia carne e il mio sangue? Maria Vergine! Sono anni che vivo là dentro. Con chi dovrei accoppiarmi? Con i malati, con i pazzi, con i vecchi? Non ci sono più uomini qui, solo soldati.

SOLDATO 1

Ehi bella, cos'è che non sarebbero gli uomini?

La donna tace.

SOLDATO 1

Come?

La donna tace.

SOLDATO 2

– *le dà uno spintone* – Oh, rispondi!

La donna sposta lo sguardo da uno all'altro, tace. Soldato 1 e Soldato 2 la spintonano, la picchiano.

DONNA

– *si libera un poco, fa per parlare* – Ascoltate, qualcosa scricchiola, sussurra.

SOLDATO 2

Ci vuoi solo distrarre, razza di troia. Non vogliamo sapere quale cane si intrufola da te di notte. Ma della bambina.

DONNA

È innocente. La bambina. Vi serve cibo per i cannoni?

Solleva la bambina, gliela porge per un braccio.

Ecco, prendetela, la sua testa è della grandezza giusta per i vostri cannoni, ancora niente è perduto, infilatela dentro, ma sparate, perdio, siate soldati!

I soldati rimangono fermi in piedi, sconcertati, la donna getta ai loro piedi la bambina morta, scappa via, i soldati la inseguono.

Non se ne fece niente. So troppo poco di guerra e soldati. E quelli che ne sapevano non volevano parlarne, nemmeno della guerra passata da secoli, quella dei trent'anni. E Johannes non riusciva.

Uta e Eckehardt, Johannes e io. Johannes all'epoca occupava la stanza più piccola, perché era quello con meno soldi. E neppure per la stanza bastavano ogni mese. Così spesso stava via per lungo tempo. Tutti erano arrabbiati con Johannes, non potevamo affittare la sua camera quando era via. Ma so che Uta pagava per lui, era l'unica ad avere soldi all'epoca. Riempiva anche il frigorifero, e noi le facevamo fuori tutto.

Poi Johannes andò a stare da sua madre, sui monti. Lì accettava qualsiasi lavoro gli capitasse, quel che c'era al momento. L'occupazione che preferiva era quella di bibliotecario al vecchio castello. Me lo aveva raccontato già da bambina. Si vedeva entrare a cavallo, fiero e felice, avrebbero messo ai suoi piedi il ponte levatoio, sopra il fossato rinsecchito. E lui sarebbe stato buono con le persone. L'onnipotenza. Io stavo nella sua ombra e non lo sapevo.

Saremmo entrati come predoni, devoti e timorati di Dio, avremmo unito il paese tedesco e quello italiano. Un nemico da amare, da sconfiggere. Ma quello non c'era. E così ce la giocammo tra di noi. Johannes e io. E ricominciavamo sempre da capo. Ancora palude, uccelli e rettili. Lì dentro costruimmo una metropoli. Sei meli, un grattacielo e in mezzo le strade. Le cime delle montagne mozzate e sopra un aeroporto.

Più tardi, quando dai meleti non si levarono grattacieli bensì alberghi, non ridemmo più. L'idillio doveva essere spezzato, anche noi lo pensavamo. Ma il prezzo ci sembrò troppo alto, di nuovo qui sarebbero passati solo stranieri, stavolta come turisti. Levrieri, disse Johannes. Non si capacitava. Vengono allevati per correre in tondo tutta la vita, sulle tracce di una lepre di latta.

In paese stava seduto per giorni sopra le carte ingiallite del castello. So che lo affascinava soprattutto il loro odore. Le sue mani erano piene di tagli, quando tornava, e il suo viso pieno di allegri segreti. Con schiena curva e narici da fiuto raccontava di sé, Casanova assai invecchiato nella cucina della servitù. Più vecchio del dovuto. In testa avventure. *E se non ci fosse stata quella nuvola bianca*... Oh, come odio le nuvole bianche. Si accumulavano nel mio cielo, lo spezzavano in due.

Ciononostante credevo nell'utilità del teatro epico, come noi tutti. È per questo che avevamo tirato fuori la storia della gioventù di Madre Coraggio, viaggiando a traino del carro di Weigel. Grigi palcoscenici d'Europa, gli attori si mettevano grembiuli.

Uta non voleva discuterne con noi. Diceva che eravamo noiosi, monomaniacali. Sulla buona strada per violentare noi stessi. Solo Johannes parlava spesso con lei, del tempo, dei tempi e probabilmente anche della sua danza.

Poi però un giorno arrivò con le oche. Tre mesi di affitto non pagato, e adesso aveva un cesto al braccio, di quelli con cui le contadine portavano le loro uova al mercato, e dentro pigolii e puzza. Le sistemò nella vasca da bagno.

Lì vidi per la seconda volta l'ira di Uta. Vidi la sua coda di cavallo, vidi come ondeggiava, la sentii per la seconda volta urlare.

Johannes dovette trasferire le oche nella sua stanza. Continuarono a pigolare e puzzare. All'amministrazione del condominio giunsero lamentele per i molti uccelli negli alberi. Una delle oche morì poco dopo per lo spavento. La seconda, quella grigia, si rattristò. Quando trovarono morta anche lei, nessuno se ne volle assumere la colpa. Solo molto tempo più tardi scoprimmo che Uta le aveva sciolto un'aspirina nell'acqua perché pensava si trattasse di mal di testa.

A quel punto Johannes se ne andò.

La mia macchina è eccezionalmente parcheggiata sotto casa, dove in genere non riesco a trovare nemmeno un posticino. Potrei rifugiarmi lì dentro, sedermi, partire per una meta qualunque. Se mi stanco, mi metto a bordo strada e dormo fino a quando non mi passa la stanchezza.

Proseguo il viaggio. Sempre avanti, senza cose da fare. Dovrei essere dunque senza bagagli, senza ricordi. Questo lo so dalle letture, dai film, dai sogni. Lo so da tutti i punti di vista, dall'aver osservato, in estate, le persone con lo zaino. Dai fuggitivi. Dalla fuga. Adesso però non è il tempo della fuga. Adesso devo rimanere qui, mi sono imposta di restare. Mando via i miei desideri per non perdere l'attimo. Da dove viene questa tendenza alla solitudine?

Ieri, sì, soltanto ieri, non riuscivo a stare da sola. Soltanto ieri perlustravo invidiosa i luoghi alla ricerca di persone, iniziando conversazioni con chicchessia. Sì, fu in quel periodo che conobbi tutta quella gente. Il mondo era stracolmo di persone, e io non volevo nient'altro che immettermi in questo mondo cianciante, variopinto, pieno, traboccante. Esisteva ancora un centro, allora, una risata in qualche parte del corpo, non in gola, no, si nascondeva nella bocca dello stomaco, vicinissima all'appendice. Dove il male andava e veniva. Altri hanno dolori improvvisi e vengono operati. Io arrivai alla visita piegata in due dal dolore, non riuscivo a respirare, a camminare, e poi me ne andai, dopo aver bevuto quella brodaglia bianca, a far colazione, fresca e felice. Le lastre non le ritirai.

C'era quindi questa risata nella bocca dello stomaco. Che poi era una convinzione: avere un lavoro importante, essere completamente dentro la vita. Cercarsi un lavoro che potesse cambiare qualcosa in questo mondo. Educare, raccontare esperienze solo immaginate. Non importava, tutto sarebbe diventato. Sarebbero bastate le nostre parole, la nostra sola volontà. Ma la volontà era sogno. Non poteva nulla contro la volontà di potenza. Era sola con la sua risata leggera, ancora si chinava ed era disposta a capire. Rinunciare agli altri, solo atteggiamenti, come per le foto artistiche, atteggiamenti verso la vita, ci si atteggiava, ci si dava un'impostazione.

Era l'andare-per-il-mondo. A chi doveva appartenere, se non a noi che dovevamo trasformarlo, che avevamo il nostro compito inciso nel cuore dell'abnegazione?

Erano i giorni di Brecht, di Majakovskij. Non suonava più il suo flauto di vertebre. Allora era già curva, sprofondata nella poltrona, allora i nostri sederi già si preparavano a una comoda sedia. La sera avevo letto Chlebnikov. *Un calamaio mi ha catturato.* La mattina andai alle prove. Sul programma c'era scritto *Noi.* Cinque persone prima di me, Johannes nel suo cappotto d'agnello, nel suo biancore. Io non vedevo che ciocche di capelli rossi, non avevo ancora voglia di parlare quella mattina. Di notte avevo sognato gli sciamani. L'avrebbe capito? Andò a una riunione, si era incamminato verso il regno delle parole come me, mentre io stavo cercando di ritrovarle.

A quel punto, però, in città si propagò la steppa. *La schiena, il corpo, perché sei diventato come un cavallo?* Nel cuore della città, in profondità, sta seduto un mostro, e noi siamo cavalli e ci facciamo cavalcare dalle vittime fino a lui. Ritorniamo ogni volta soli, e quelli che aspettano non tirano un sospiro di sollievo, quelli che aspettano ci voltano le spalle, il sacrificio è compiuto e i cavalli vengono riportati nella stalla, nessuna zolletta di zucchero, nessuna carezza.

Di notte vedemmo i cavalli nel labirinto, solo pareti a destra e a sinistra, e improvvisamente la schiena si alleggerì, la spina dorsale era sgravata, la pressione sparita, così trottammo avanti, con l'istinto, verso l'esito di tutte le cose.

Percorremmo così insieme un lungo tratto di strada. Quando infine scesi prima di lui, ci scambiammo un sorriso. E nel suo sorriso c'era qualcosa che mi ringraziava per averlo lasciato da solo con i suoi pensieri quella mattina, per non averlo disturbato nel suo tragitto verso il minotauro.

Il giorno dopo, a pranzo, mi dissero che era morto.

Le pie donne mi hanno mandata via. Dovevo attenermi alle regole, hanno detto, ero troppo giovane per lasciarmi andare. Che ne sanno della mia età? Nelle stanze non si può fumare.

Da dove viene. La paura di addormentarmi. Vieni, sonno, avvolgimi, perché io dimentichi. Vai al diavolo, sonno, non mi servi. Ho mille cose su cui riflettere, il tempo è breve fino al mattino, se non mi lasci mi mancano le ore. Nessuno rifletterà al posto mio. Vattene, sonno, vai dalle altre, dalle suore nel letto bianco, è più sottile del mio, la loro stanza più bianca, imperturbata, inoffuscato il loro corpo. Loro si pensano tutto il giorno. Sonno, va' da loro e abbandona me.

Non voglio avere intorno i lacci dei sogni.

Questa stanza deve rimanere vuota, libera, vorrei esser qui soltanto io, da sola, e mandare via il sonno. Apritevi finestre, che si dilegui come un ladro nella notte, che si tiri dietro i suoi fantasmi. Sonno, porta via i miei fantasmi, portali a qualcun altro, ti invio da loro, vorrei cedere ad altri i miei sogni, forse allora potrebbero capirmi, forse così riuscirei a penetrare nelle profondità di qualcuno. Potrei chiedere allora ai miei sogni di tornare indietro.

Perché appendono sempre una croce alla parete? Null'altro che una croce sulla superficie bianca, uno strappo come quando ci si impiglia tra le spine. Una croce intagliata da un ladro con il suo coltellino nella tasca del pantalone, una croce che apre tutto.

E come prospettiva solo un buco della serratura. Un tempo c'era un luogo in cui rimanere. Uno spazio non sbarrato, non criptato. Uno spazio senza chiavi.

Qui la parete, dietro grandi spazi con case vuote, tutte spalancate, comprensibili. Ogni cassetto è aperto, spalancato, gioielli, argenteria, posate, e i soldi nella ciotola della farina. Con i soldi non ci si compra più niente, i gioielli racchiudono solo ricordi, mi metto un orecchino, con abbinato un diadema tra i capelli, è sempre lì sulla mensola, impolverato e verderamato, due pietre rosse mancanti.

Qui i sogni albergano come una febbre, si spingono nell'anima, in profondità, aprono e chiudono, sbattendole, le porte verso il cuore, si sospingono sui campi di stoppie, stoppie che pungono i piedi nudi, perché questo sogno non ha scarpe? Con il secchio rovescio acqua nelle tane dei topi, i topi allora escono dall'altra parte, e lì ad aspettarli c'è Johannes con lo schioppo, ogni topo un proiettile.

I colpi schioccano nelle orecchie. Ricordo, vattene dal sogno, è passato troppo tempo, voglio essere sveglia.

Con la punta delle dita afferro i topi per la codina, li appoggio con cautela sul marciapiede del vialone e aspetto.

Di qua passano le donne, con collane d'oro e perle al collo, che svengono alla vista dei topi, mentre io e Johannes ci chiniamo lesti e le liberiamo dalle pesanti catene d'oro, perle scivolano lungo i preziosi vestiti, rotolano sulla strada, macchine passano sfrecciando, la mano di Johannes mi tocca, arraffiamo tutto, strepiti e chiasso ora, ogni topo un proiettile, indietro attraverso il campo di stoppie, avanti fino al torrente, attraverso l'acqua, poi superiamo il muro, dietro c'è il cimitero, ci corichiamo dentro la nostra solita, grande tomba ricoperta di verde.

La nostra tomba è la più bella qui, la nostra tomba non la troverà nessuno. Più tardi faremo il conto del bottino. Servirà a Johannes, più tardi, quando nessuno si ricorderà più dei bambini, del loro andirivieni nel posto, quando tutti saranno partiti prima del lungo inverno, quando anch'io dovrò andar via e solo Johannes accarezzerà nelle lunghe sere le sue speranze, di riuscire ad andarsene da qui.

Non ci hanno mai acciuffato. Nessuno sapeva del nostro segreto.

I bambini giocano. Ed è bene se i bambini giocano, dicevano.

Per cena strisciavo pian piano fuori dalla tomba, lasciandolo sempre solo.

Poi però vennero gli anni senza estate. Johannes si trasferì, non tornò, non tutti gli anni, come me. La porta successiva reca nuovamente penombra. Sonno, vattene dai miei ricordi, adesso nessun sogno li deve accerchiare, vattene al diavolo, sonno, lì, dietro la porta a battenti, l'animale mezzo ischeletrito, i topi tutti morti, così tanto abbandono.

Tutto ciò che smettiamo di amare ci viene macellato. Il gattino non deve parlare.

Voi viaggianti non ne avete idea. Fa le fusa strusciandosi tra le mie gambe. Mette ai miei piedi i suoi occhi rossofuoco, ideali per il mio diadema, e che me ne faccio, d'inverno, di questa vecchia pelliccia consumata?

E dentro, nel letto a baldacchino, c'è Johannes che mi chiama, mi attira a sé con il suo dito.

Entra, avvicinati, non aver paura, non ti farò niente, non ti posso più far niente.

E i due occhi, quelli rossi sulle mie dita, bruciano come fuoco, sì, mentre qualcuno bussa alla porta.

Cristo santo, perché mi svegliano nel bel mezzo del sogno, oh, il lenzuolo ha dei buchi, bianco traforato sotto di me.

Apra, su, qualcosa sta bruciando lì dentro, non sente l'odore?

Sì, l'odore, ma è tutto spento, i miei capelli avrebbero potuto prendere fuoco, si infiammano facilmente, da sempre, i miei capelli, e mi bruciano le dita.

Allora mi mandarono via. Dissero che la stanza serviva per una donna in cerca di protezione, e che io comunque avevo un appartamento e amici in città.

Allora era quasi mattina, e all'alba ballai con l'arcangelo dell'altare maggiore, all'alba mi prese sotto il suo mantello, mi accarezzò con le mani di Johannes, spinse via la paura dai miei occhi, la trasferì sulle mie dita, e con un bacio spinse via la mia tristezza, e la mattina, al primo raggio di sole, mi fece tacere.

Da principio voglio prender misura d'un uomo forte, che fusse a guisa di Sansone, e definir per me la sua special lunghezza, in alto a e in basso b.

Adesso che so chi è la donna in sedia a rotelle, ebbene adesso potrei andare da Uta e raccontarle i suoi sogni, e lei direbbe, una donna completamente diversa. Forse potrei creare un collegamento. Ma arriverà aprile, e con esso la nostalgia. Tutte le siepi saranno accuratamente potate, e dov'è che cavalca Haga Zussa? Nessuno se lo ricorda. Anche nei sogni si reca solo di rado. Del suo ricordo non rimangono che roghi. Così a coloro che vengono sacrificati è spezzata ogni forza. Di questi frammenti, però, i sacrificanti non riescono a venire a capo. Nel cambio da Dio a Dio il divino va perduto.

Si presentarono a questo tavolo e dissero che avrei dovuto fare qualcosa. Eckehardt aveva bisogno di una modella, e Uta non era adatta. La ballerina non riesce a star seduta ferma, dissero. Perché me lo dissero qui? Se venisse adesso qualcuno e dicesse che ha bisogno di una modella? Ma vennero soltanto quella precisa sera, e noi continuammo a bere. Quella sera Uta era a casa, oppure in teatro, non lo chiesi. Con Eckehardt non ne parlai. Quella sera lui fu gentile. Erano andati in campagna, Eckehardt e Uta, e rimasi sorpresa che non fosse con lui, ma di lei sapevo solo il nome o poco più, e che era assente. Una volta volli parlargliene, perché pensavo di aver colto del disagio nel suo sorriso, ma lei mi mandò via. Quel che so lo so da Eckehardt, dal lungo ascoltarlo mentre faceva bozzetti del mio corpo misurandomi con la matita e un occhio mezzo chiuso. Mentre io fumavo e di rado facevo domande, cercando di capire quel che raccontava.

Questa loro fuga. Come sorridevano e scherzavano. Chissà se si accorgevano che non era per niente semplice? Come se fosse un gioco, disse Eckehardt, diamo la caccia a un tesoro nascosto.

E se non lo troviamo? Uta vide riscomparire il sole dietro una delle colline, alla curva successiva sarebbe sorto di nuovo, dieci volte al giorno questo gioco.

E se ci avessero dato l'incarico, ma non ci fosse nessun tesoro?

Non importava, Eckehardt diceva che dovevano trovarlo altrimenti li avrebbero perseguitati, avrebbero messo loro alle calcagna sbirri con cani e fucili.

Dobbiamo, Uta, prima che cali la notte, altrimenti non possiamo tornare, saremo esiliati, messi al bando e costretti a vagare all'infinito in questo bosco.

E quindi salvami. Salvami da me stessa, perché possa riacciuffarmi, e mettimi ai miei piedi. Non sono un tesoro considerevole? Una piccola, delicata, dolce donna con occhi di madre e mani carezzevoli? Avrai timore, Eckehardt, se davvero mi vorrò così sconosciuta e così delicata.

Uta, disse Eckehardt, sai dove stiamo andando? Tu non stai più cercando la strada.

Sì, disse lei, così potresti startene in disparte e andarne fiero. Così potresti ricevere la tua ricompensa.

Dormirono in un piccolo albergo con lenzuola e cuscini a quadretti, merletti alle piccole finestre. Calore.

Li squadravano di nascosto.

Cosa c'era di buono nella natura? La puzza del letame oppure gli sghignazzi inequivocabili dei giocatori di carte, gli animali che riposavano nelle stalle e continuavano a belare anche nel sonno, un cielo pieno di stelle comunque a loro sconosciute e che nemmeno cadevano, oppure la locandiera con la bocca storta e il grembiule pulito, odorante di sapone, e dal sorriso appropriato, incapace di qualsiasi emozione, o ancora i bambini, che ogni tanto facevano irruzione, schiacciavano un tasto del televisore e sotto le imprecazioni dei presenti altrettanto velocemente sparivano. Forse gli altri ospiti, traboccanti di salute, adusi al freddo, più fauna ittica che umana.

Fumarono e bevvero e cercarono di assaggiare qualcosa.

E se ti dessero l'incarico per una lapide, Eckehardt?

Se portassero nella tua casa di vetro una di queste lastre di marmo, trainata da quattro cavalli neri, e mettessero nella tua stanza una morta sconosciuta? Una donna bella, sconosciuta, con una piccola voglia sulla spalla, lì dove crescono le ali che non abbiamo più, aveva chiesto Uta.

Esistono anche danze che sono come pugnalate, aveva detto Eckehardt. Perché pensi sempre che siano altri a farti del male?

Si accorse soltanto al mattino che Eckehardt non era con lei. Si era portato dietro tutto, dovette fare cinque chiamate ed era chissà dove, sempre alla ricerca.

Uta avrebbe potuto portarsi dietro parecchie cose in questo stupido paesino. Davanti alla posta si sedette sul davanzale di una vetrina e si mise a guardare la gente che chiacchierava. Formiche, un piccolo popolo, una massa laboriosa. Come si fa a vivere qui? La signora con il bambino aggrappato alle gambe che la tirava, guardando continuamente l'orologio. Electronic computer. *Listen, you'll love it*. Eppure sembravano tutti molto vivi e rimandavano a Uta le sue stesse domande, senza rispondervi. Per vivi intendevano un'altra cosa. Eckehardt riapparve appena dopo la quinta sigaretta e Uta adesso nutriva seri dubbi rispetto alla sua capacità di esprimersi. Anche lui rimandava le sue domande senza rispondervi, come tutti gli altri. Questo luogo gli apparteneva. Se la mise a braccetto e disse che dovevano in qualche modo portar via la macchina dalle colline e rimetterla in moto. Alla non risposta di Uta chiese anche cosa volesse fare quel pomeriggio.

Nulla, Uta non voleva fare più nulla. Non aveva nemmeno trovato la via per questa scusa, per questo telefono. Perché non si erano persi? Eckehardt doveva essere di ritorno la sera. L'hai sempre saputo, disse Uta. Mantenere un contegno, in questo paesaggio.

La via per tornare alla macchina, però, fu breve e semplice.

È bello, no, fare a volte come se, disse Eckehardt. Uta non replicò. Com'è che organizzavano le loro giornate qui? Dove si amavano? Nelle stalle calde e puzzolenti? Chissà se era proprio così. Stalle non ce n'erano più. E non è che diventavano scemi a forza di quiete e paesaggio?

Il paesaggio e le donne dell'infanzia di Eckehardt. Sotto i piedi il verde. Anche qui ci sarebbe potuta essere Uta, a cercare erbe con le bambine, dicono. Contro i dolori e i figli, contro i dispiaceri e l'amore. Sembrava crescere di tutto su questa terra grassa. Aspettare sugli ampi prati, in mezzo a una saggezza creata da mani, giorno per giorno. E soltanto crederci. Ma nel campo ormai non crescevano neppure più i trifogli.

Da dove la prendevano questa forza, le donne di qui?

Ha dormito tutto il tempo, raccontò Eckehardt poi. Una volta arrivati, Uta lo abbracciò. Adesso non andare via, adesso non strappare un buco nel giorno. Teneva il viso di lui in entrambe le mani.

Accuratamente Eckehardt pulì via dalle sue scarpe l'ultima traccia di terra, si picchiettò le spalle per rimuovere ragnatele o polvere, passò le dita sui bottoni della maglia. Qualcosa era stato alterato nel suo aspetto esteriore?

E poi, nell'atelier aspettò che arrivasse l'uomo. Che aspetto ha uno che ordina una lapide per sua figlia? Una certa ritrosia, è una situazione sgradevole, basta evitare scene penose. Chi ordina una cosa del genere sicuramente ha già tutto alle spalle, del resto ha già seppellito sua figlia, la sua bella bambina, come aveva detto al telefono, e per lei doveva essere tutto bello.

Eckehardt credeva di non essere interessato né alla bellezza della figlia né alle circostanze. E invece chiese garbatamente come. Era stata trovata morta nel suo letto, calma, quasi sorridente. E i medici non erano riusciti a stabilire alcunché, un'autopsia fatta male, per fortuna l'aveva strappata in tempo dalle loro mani. Nessuna malattia, nessun incidente, nessun veleno. Ha semplicemente smesso di vivere, lo capisce? Naturalmente lui non capiva. Quante persone muoiono, di malattia, di colpi d'arma da fuoco, di fame, di intossicazione, e anche quello lo si poteva capire solo nell'insieme, non singolarmente. La chimica del corpo umano a Eckehardt non interessava, mentre un qualcosa di anatomico lo avrebbe compreso, un buco, un'incisione.

Così bevvero whisky trattando sul prezzo per sistemare questa morta. L'uomo aveva una faccia da contadino, un certo avvilimento gli gravava addosso, probabilmente già da prima, non era il lutto, per fortuna. E così la donna aveva terminato gli studi universitari e appena iniziato a lavorare, pubblicità, slogan per un'agenzia. Un buon impiego per una donna, senza orari fissi e ciononostante parecchi soldi.

Lei è sposato? Rivolse questa domanda a Eckehardt in modo casuale.

No, disse lui. Come avrebbe potuto raccontare di Uta all'uomo d'affari?

Nemmeno lei lo era, disse l'altro. Viveva insieme a un uomo che si è dileguato. D'altronde oggi lo fanno tutti.

C'erano ancora da chiarire alcuni dettagli, circa il tempo, i soldi, la scadenza. A Eckehardt sarebbero serviti nuovi scalpelli e forse una modella. Venne ancora a sapere dei capelli rossi della donna morta, della sua bocca rosea, ma anche del suo corpo longilineo, della sua vita sana.

Mi ha fatto molto piacere, disse l'uomo. Allora, per il momento è tutto.

Ed Eckehardt gli diede la mano, ma non la strinse, non poteva stringere quella mano, non poteva afferrarla, adesso, quella mano che teneva in sé qualcosa di caldo, sudato. Chinò leggermente la testa, accennò un saluto, un congedo.

Sei mesi di lavoro, lavoro pagato. Lo si sarebbe dovuto festeggiare. I vecchi amici, birra o vino, a briglia sciolta. Andò verso il telefono. E Uta? Con lei non ne avrebbe parlato. Veniva raramente nel suo atelier, e poi, sì, insomma, non lo avrebbe comunque capito. Cosa aveva detto nel bosco? Sono pietre così pesanti, Eckehardt, quelle che getti nella vita delle persone, e di fronte alla bellezza di radici d'albero rattrappite ti disperi. No, adesso avrebbe chiamato i suoi vecchi amici e più tardi sarebbe andato a mangiare con Uta. In fondo era stata lei a procurargli il lavoro.

Perché Uta pensava alla sua disperazione, che ne sapeva? No, la sua sensibilità apparteneva ad altre sfere.

E poi la gioia per uno che ce l'avrebbe fatta, che avrebbe combinato qualcosa. Ma in questo modo al giorno d'oggi non ce la si fa, non si combina nulla. Facile a dirsi, mio caro. E i soldi per fare qualcos'altro? Ecco, era stato proprio quello il motivo per cui l'avevano convinto che dovesse farlo. Scolpire la pietra.

Poi parlarono dei tempi passati. Ciò di cui parlarono restò ai tavoli del bar, pulito via insieme alla birra versata, strizzato in un lavandino.

E la maggior parte ognuno se la portò dietro, rimuginando.

Parlarono di progetti. Eckehardt poté beatamente andare a briglia sciolta e farsi beffe della sua lapide. Tutto improvvisamente divenne così semplice, tutto si dissolse, c'era di nuovo una vita intera davanti, di nuovo la volontà di soddisfare tutte le aspettative che vi erano riposte.

In realtà avrebbe voluto ancora chiamare Uta. Ma ormai era troppo tardi.

Tra le nove e le dieci del mattino Uta scostava il piumino, allungava bene le gambe verso il soffitto e rotolava fuori dal letto. Tutte le mattine, tra le nove e le dieci. Con cautela apriva il sipario, tirava le tendine bianche, e le finestre erano grigie, di mattina. Già, come faceva tutto quel grigio a invadere il suo mondo? Forse era il caso di prendere uno straccio, alcol o acqua bollente, forse entrambi, non si ricordava più di preciso, e restituire ai vetri la loro originaria trasparenza, per sole e pioggia, per neve, per grigiore e chiarore. Permeabilità.

Adesso però il grigio combaciava fuori e dentro, e ogni azione di contrasto sembrava insensata. Era mattina come sempre, Uta si mise sotto la doccia e si lavò i denti e bevve latte caldo in cucina. Indossò i suoi vestiti, uno dopo l'altro, mutande, pantaloni, camicia, pullover, calzini, scarpe e impermeabile. Sempre lo stesso impermeabile, da anni. Rassicurante questo andirivieni di cose ripetitive: era sempre pronta a mettersi in viaggio. Poi prese la sua borsa, inforcò i suoi occhiali da sole, da anni, da quando c'erano neve e pioggia, sempre gli stessi occhiali scuri di mattina, e lasciò il suo appartamento.

Andava puntuale all'allenamento, si rallegrava del suo corpo quando era capace di qualcosa, si sforzava quando invece resisteva alla musica. Si lasciava anche massaggiare, faceva la doccia e danzava e dormiva e il giorno dopo tornava là e danzava, danzava e faceva la doccia e poi dormiva. Dormiva profondamente e senza sogni, di norma, e il mattino dopo di nuovo era di buon umore. Già solo l'edificio, il vecchio Teatro dell'Opera, le ricordava il Rinascimento, l'ampia scalinata che non imboccava mai, ma che sapeva sempre essere alla sua sinistra, ogni mattina, e gli scalini che scendeva per andare all'allenamento, gli scalini stretti, gli scalini bassi, come se qualcuno non avesse pensato alla circostanza di salire le scale bensì soltanto a un cadere, come da un dolce pendio.

Quando era in viaggio percorreva altre strade, si faceva chiamare un taxi e poi di sera rimaneva spesso seduta a lungo, spesso fino a notte fonda, in un foyer, a volte si portava dietro anche un libro e lo leggeva o sfogliava.

Il suo tempo sembrava suddiviso tra fatica e successo, applausi e sonno, nel mezzo talvolta una vacanza, un buco nella vita, un'interruzione tra danza e sonno.

Allora si stava seduti al sole tra conoscenti, e si parlava e si dormiva, e la linea di confine tra l'ora e il sempre era presto tirata. Tutte le cose che altrimenti non si fanno, essere pigri, dormire fino a mezzogiorno, percorrere per ore strette viuzze oppure coricarsi sull'acqua e lasciarsi trasportare, al largo, finché non si diventa invisibili, le aveva già sbrigate nei primi giorni, non rimaneva che l'aspettativa di una nuova quotidianità, di cose che sarebbero potute diventare quotidiane, per poterle portare con sé in stanze da letto e sale d'allenamento.

Poi, Eckehardt. Da quanto tempo lo conosceva, prima di sentire la nota morbida nella sua voce, prima di essere in grado di percepire il suo sguardo, prima di ricambiarlo in qualche modo, mentre lui già guardava la tovaglia bianca. Una mano pesante, che a volte si allungava verso le dita di lei come se volesse catturare i suoi movimenti. Uta sorrideva di tanta goffaggine.

Finché si persero per la prima volta in città. Era pieno giorno, stavano costeggiando una fila di finestre. A un certo punto furono presi dal desiderio di entrare, arrampicarsi, sedersi, riposarsi in un grande letto altrui, dimenticare che la strada era persa. Cercare lì piccoli sentieri, lungo il corpo, farsi strada tra il vecchio cotone e non pensare ai raccoglitori, nessuna schiena nera curva, nessuna filanda, nessuna pazzia, il corpo di Uta completamente rilassato nel bianco lenzuolo. Poi però passarono oltre, si ritrovarono in un autobus, e dita appiccicose di sudore le accarezzarono il dorso della mano. Fecero curve, la rete stradale divenne sempre più fitta, sempre più profonda, fino a sera, fino al calare dell'oscurità.

Eckehardt non apparteneva a questo mondo dei foyer, a questi guardaroba alieni. Il direttore era venuto da loro al tavolo da pranzo e con parole cortesi li aveva pregati di lasciare l'hotel, dovevano compiere alcune ispezioni, per motivi di sicurezza, in tutte le stanze. Nulla di che, solo controlli di routine, aveva detto sorridendo, e si erano guardati ridendo, Uta e Eckehardt, perché volevano uscire, camminare sotto il sole autunnale. Non aveva quindi molta importanza che i camerieri si lanciassero risatine e pezzetti di parole a proposito di bombe nascoste, riuscendo a stento a nascondere la loro gioia per il pomeriggio guadagnato. I portieri erano raggianti per le ore cadute dal cielo, aprirono loro le porte e li accompagnarono fuori con benevolenza, al che si lasciarono sospingere verso la città, si mescolarono alla gente chiassosa per le strade, perfino Uta riuscì a sopportare il baccano, non vide altro intorno a sé che facce ridenti, contente, socievoli.

Uta non dubitava di se stessa, solo del dubbio degli altri. Il tempo improvvisamente scarseggiava. Chi era Eckehardt veramente, e che cosa voleva, così improvvisamente, nel bel mezzo della sua vita? Tutto quel che sapeva di scelte e verifiche adesso era sbagliato. Era stata trascinata, spinta con forza in qualcosa di frizzante, allegro, pulsante. Era sovrapposta, adesso: Eckehardt stava raccontando.

Viaggi e infanzia e destino del mondo.

Scherzi da maschiacci, scherzi da uomini. Quel che era stato osato e quel che non lo era stato. Quel che c'era fuori, e quel che adesso si stava sciogliendo dentro. Non lo conosceva da sempre? Non era il fratello, l'amico di cui aveva sempre sentito la mancanza durante l'infanzia? Colui che non pretendeva nulla da lei, nessuna danza, nessuna attenzione? Intuizioni in forma di ricordo. Un bianco fanciullo divino dorme nella pietra, ed Eckehardt lo caverà fuori con lo scalpello.

Eckehardt sugli scalini verso il Rinascimento. Nascondersi tra le colonne, premere forte il corpo contro il muro, come se si potesse diventare tutt'uno con la pietra, questa pietra bianca. E da una colonna all'altra, accanto a Uta, una lunga fila, immobile, sempre tenuta stretta, tenendosi stretti. Portare tra queste colonne tutti gli esseri umani, adesso, attirarvi nuovamente l'intera vita, le storie di queste statue, non lasciarle mai più andare. Tutte coloro che volevano essere amate da lui, amate sopra ogni cosa, tutte coloro che volevano lasciarlo, e che lui capiva, come capiva tutti gli esseri umani. E non sentire più questa pressione, che lo faceva fuggire dagli abbracci, dalle liti. Queste liti, che lo ricacciavano indietro, sempre e continuamente verso il luogo di azioni mai avvenute. Queste colonne che lavorava di giorno, questa pietra che cercava accuratamente di conservare con soluzioni che lui assorbiva, risucchiava.

Soluzioni sotto le quali la pietra continuava a marcire, imputridendo verso il proprio interno, sgretolandosi lentamente. Colonne che costellavano la sua esistenza, immobili, immutate. E sopra ogni cosa la sensazione di essere utile. Che tuttavia era utile soltanto a lui. Lui che doveva bandire la sua timidezza di fronte a questa donna straniera. Donna da amare, amata sopra ogni cosa.

Fu proprio questo, però, a irritarlo, più tardi. Questa sicurezza della quale non riusciva a darsi spiegazione. Basata su un successo relativamente precoce, su un talento fuori dal comune, come dicevano, molto promettente.

Per Uta danzare era fine a se stesso. Faceva parte della vita, come respirare, come lo stesso vivere, significava quindi già abbastanza così. Era questo il tempo, e dentro adesso c'era Eckehardt, e nessuna lotta, adesso, avrebbe potuto restituirla alla danza pura.

Un fanciullo divino riposa nella pietra bianca. Anche adesso lei riusciva a starsene seduta per ore, cullandosi nei propri pensieri. Al che lui si spaventò e uscì alla ricerca di persone che parlassero, che fossero presenti.

Nella pietra bianca dorme un fanciullo divino. Eckehardt doveva saperlo. Dalle pietre bianche si ricavano scale, banchi di macelleria, tavoli da cucina. Tutto quanto da anime di bambini che dormono nella pietra, e il dio si ritira sempre più in fondo alla montagna.

L'atelier si trovava nel cortile sul retro, nella casa di vetro. Tutte le finestre sul cortile si aprivano in quella direzione. Si sentivano ronzare le aspirapolveri, chiamare i bambini e generi diversi di musica a volume troppo alto. È rimasto tutto uguale. Solo che adesso si vedono anche di giorno uomini che stanno alla finestra, che a volte guardano fuori per ore, in silenzio, da una finestra qualsiasi. Qui non ho ancora portato in giro i miei questionari. Penso che non ce la farò. Perché conosco gli appartamenti dietro a queste tendine. Conosco queste facce, questi occhi scuri che giungono fin qui da altri mondi e vedono questo lurido cortile in un modo diverso dal mio. Vorrei proprio sapere come vivono tutto ciò, ma non ne sarò mai capace. Potrei trasferirmi nel loro Paese, farmi stivare nel ventre di una grande nave, starmene lì coricata, accatastata con gli altri, nessuna pulsazione nel sangue e nessun desiderio. Giona, solo oscurità e nemmeno un po' di cognizione. I giocattolai non lo vogliono. Si può indagare solo su ciò che è comprensibile. Se vogliono progettare la felicità degli esseri umani, allora non possono che occuparsi unicamente di questo.

Mi dica, dove trascorre le sue vacanze? Quanto spesso si mette in viaggio? E quelli che non viaggiano mai oppure lo fanno più di due volte all'anno barrano la stessa casella. Me ne sono accorta ieri, quando ho riguardato i vecchi questionari. Non procedono quindi in modo così preciso. E tutti quelli che vivono qui da meno di tre anni devono riempire un questionario rosa, rigorosamente separato. Lì le domande sono poste in maniera leggermente diversa. L'argomento viaggi, per esempio, non compare. E non viene nemmeno chiesto se preferirebbero vivere altrove. Oppure come desidererebbero fossero i loro vicini: gentili-comunicativi oppure freddi-scostanti. Uno mi ha detto che in realtà non vorrebbe avere nessun vicino.

Un giovane uomo mi ha fatto gentilmente entrare nel suo appartamento, era buio lì dentro, e lui aveva montato una luce al neon molto forte. Mi ha offerto un tè e per due ore mi ha raccontato del suo pappagallo, che stava appollaiato sulla sua spalla emettendo grida stridenti. Docilmente ha compilato i questionari. Poi mi ha chiesto di me. Cioè, mi ha detto: e lei? Be', ho risposto, mi porto appresso i questionari e li faccio compilare. No, ha detto, intendo: lei non ha animali?

Penso che viva lì da solo. Scrive indirizzi per una ditta oppure riempie schedari. L'angolo per il suo pappagallo lo ha arredato con piastrelle chiare, per lo sporco, ha detto. Purtroppo l'uccello non ama il ficus e quindi se ne sta continuamente appollaiato sulla sua spalla. In realtà è un tipo carino, solo che è già diventato tutto storto, perché penso che l'animale pesi parecchio. Gli ho chiesto quando fosse stato per la prima volta a letto con una donna, al che ha riso. Nient'altro. Ha detto poi che questa è la migliore delle città e che non si sarebbe mai trasferito altrove. Che si era sistemato come meglio poteva e non gli serviva nient'altro.

Adesso devo rispondere alle domande mancanti per conto mio. Se i giocattolai mi avessero spiegato esattamente a cosa mirano, non sarei costretta a farlo. Cioè, non a mia discrezione, potrei farlo a loro piacimento. Così invece saranno loro stessi a doverne venire a capo. Loro mica le conoscono le persone che ho visto io.

Dunque sono di nuovo qui seduta a fare da modella. Con indosso una pelle estranea, invisibile perché in profondità, ma comunque presente. È come freddo nella pietra. Di nuovo nessuno vuole da me una faccia.

Uta riusciva a stare per diversi secondi su una gamba, l'altra piegata, rimanendo impassibile, un unico movimento di lunga durata. La mia bocca invece si contrae sempre. La mia bocca, che Eckehardt non vedeva.

Succedeva nella casa di vetro. Nasi di bimbi stampati sui vetri delle finestre, e io non osavo rispondere loro con un sorriso.

Eckehardt li cacciava sempre via con gesti furiosi. Loro lo prendevano come un gioco, si sbellicavano dalle risate, si nascondevano per qualche minuto, si accovacciavano, poi erano improvvisamente di nuovo lì, quando lui alzava lo sguardo dal foglio. Smorfie sghignazzanti, bocche deformate, Eckehardt diceva che gli serviva un po' di bellezza intorno a sé, altrimenti non riusciva a lavorare. Una volta lanciò loro contro uno scalpello. Ma quelli si scansarono abilmente, solo il vetro andò in frantumi. I bambini se ne fregarono. Risero a crepapelle, si accasciarono dalle risa, rotolarono sull'asfalto e tornarono lentamente alle loro case. Allora, prima che si aprissero le finestre sul cortile, Eckehardt scappò via. Io non osavo più uscir fuori e così rimasi tutta la notte seduta nell'atelier.

Quella notte doveva essere successo qualcosa che ho capito solo molto più tardi, forse soltanto oggi. La mattina dopo Eckehardt arrivò prima del solito e si mise subito al lavoro. Vi si immerse più del solito, inoltre parlò tutto il tempo con la pietra bianca. Frammenti, disse. Pensare se stessi come qualcosa che può essere portato a compimento, o come una parte che esprime qualcosa. La pazienza delle pietre, disse, si misura in millenni e non in questo tempo piccolo, stretto.

La pazienza degli esseri umani, invece?

Ci fu un tempo in cui credeva che sarebbero bastati i pensieri. Avrebbe tessuto fili sottilissimi che sarebbero poi passati di mano in mano senza spezzarsi. Fili che sarebbero diventati una rete. Pensava fosse possibile. Ma era un sogno. Forse lo si era lasciato a lui perché altri non riuscivano più a servirsene. Forse questo era il tempo che gli avevano assegnato.

Ma adesso, disse, era persuaso che gli si richiedesse qualcos'altro. E che da solo non ce l'avrebbe fatta, lui, un piccolo frammento scaraventato nel vuoto, senza altro legame con il tutto se non la nostalgia. Vulnerabile. La pietra marcisce sotto la pellicola protettiva di plastica. Perché non riesce a staccarsi da quella pietra? E pensare che aveva avuto la certezza che Uta, danzando, gli avesse tolto dall'anima quell'immagine.

Perché non ne parlasse con Uta, chiesi, perché non fosse più spesso da lei. Al che ebbe un sussulto di spavento. Mi aveva completamente dimenticata, pensava di essere solo con la pietra, e una modella non dovrebbe parlare.

Non capirebbe, disse, lo avrebbe scaraventato via, gettato lontano da sé. Allora era meglio che lo facesse lui stesso. Pensava a sé come a una pietra rotonda, che non si poteva scalfire, ferire. Dentro scorreva il sangue, e nessuno doveva spillarglielo.

Ma quel giorno iniziò a lavorare la pietra.

Bevemmo del tè. Pensava il mio sguardo fosse interrogativo, Eckehardt di mattina era troppo stanco.

Che mi mandi pur via.

Fai sempre lapidi?

Maledetta capra, disse. C'era qualcosa di beffardo intorno alle sue labbra.

Adesso gli dovrei tenere una conferenza, sulla morte. Fu ciò che pensai. Ma Eckehardt prese a raccontare.

Il rispetto per il lavoro altrui, questo amava Uta, non dava mai corda alle sue disamine minuziose, metteva sempre tutto in relazione con il suo lavoro, è una cosa che incide, diceva sempre Uta, e poi ti occupa quasi tutto il tempo, la testa, il corpo. Corpo? Sì, certo, anche il tuo corpo, non ci credi, ma anche tu ne vieni plasmato. Cosa avrebbe combinato con un impiegato di banca, le aveva chiesto lui una volta, oppure con uno scienziato nucleare?

Non vivo con un impiegato di banca. Così semplice era per lei. Non le bastava il suo lavoro? Lì non si sfogava abbastanza, non si spremeva abbastanza le meningi? Certo, poteva essere.

Quando era da solo nel suo atelier, Eckehardt voleva soltanto pensare alla pietra e alla figura che in essa riposava.

Ma cosa c'era nella pietra bianca? Questa donna qui l'avrebbero sicuramente bruciata, non avrebbero scomodato il fanciullo divino di Uta per porle una lapide. E poi a che scopo una pietra per la sua morte? La pietra era lì per lui, solo per lui, con la morta non aveva più nulla a che fare, solo lui poteva estrarre da lì qualcosa che sarebbe stato osservato oppure no, solo lui poteva farla vivere oppure ammazzarla un'altra volta. Chissà com'era un tempo, quando ancora era possibile diventare famosi per un'opera simile. Allora la fama era reciproca. Essere qualcuno o non esserlo, poi a un certo punto l'essere qualcuno si è sbriciolato. Non importa chi fa cosa, basta che sia fatto. Dopodiché all'artista vengono cavati gli occhi. Essere uno tra uguali. Essere utile e basta, essere indispensabile senza debordare dal ruolo. Ma di quale ruolo si trattava adesso? Cosa diavolo era? Minuscolo e arrotolato. Fate di me ciò che volete.

Eckehardt sfiorò con la punta delle dita la pietra bianca, sentì la forma che viveva lì dentro, che esisteva e respirava ed era ancora imprigionata, la sua forma, che avrebbe estratto senza sforzo, quasi senza scalpello, senza colpi, solo attraverso un atto di volontà, solo con la forza dei suoi occhi, che dalla punta delle dita intuivano ciò che iniziava a muoversi.

Da bambino aveva toccato in quel modo i muri, li aveva resi vivi, aveva immesso un alito di vita in tutto quel che c'era intorno a lui, finché non gli era stato detto che doveva fare qualcos'altro. Non era questo ciò che ci si aspettava da lui. E pensare che non ne aveva mai parlato apertamente. C'erano tutti i suoi amici che volevano diventare qualcosa e che interpretavano un ruolo, mentre lui stava lì accanto e ascoltava i loro sogni e si sentiva vecchio, decrepito, come anche la più giovane delle vite non appena acquisisce memoria.

C'erano gli altri che non avevano limiti. Johannes. Misurarsi con lui. Con i suoi progetti per città e persone. Con la sua creazione, che lui capovolgeva, con la sua vita, un sentiero verso l'innocenza.

E la sensazione che tutto fosse scolpito, ricavato dalla pietra. In modo grossolano e disattento, tutto mutilato già alla nascita, contorto e piegato, contratto e amputato, invece che liberato. Immagini, sarebbero rimaste solo immagini, e il loro significato sarebbe andato perso. E il desiderio che molte cose tornassero alla pietra, al bianco, dormiente fanciullo divino, perché non venisse mai al mondo.

La leggenda della nascita del paesaggio dalle ossa degli esseri umani. Lo costringeva a pensare se stesso come pietra e solo quella. Così estorse l'amore per le pietre.

E poiché abitava più in città che non in campagna, l'abitare nelle pietre aveva qualcosa di minaccioso: la necessità di stritolare, se si voleva essere utili. Non c'era nulla di dormiente qui, nessuna pietra a riposo in se stessa. A lui però interessava il respiro, ciò che nel respiro sarebbe stato possibile, il respiro difficile delle pietre e il loro venir mosse e il loro essere diverse in altri sensi. E il tempo infinito che abita nella pietra. E il rendere finite le pietre attraverso la mano che scolpisce.

Che la pietra marcisce sotto la pellicola protettiva che l'essere umano assegna alla propria opera, non alla pietra, lo scoprì solo più tardi. Allora vagava già di chiesa in chiesa per ottenere la pietra. Allora aveva finalmente un mestiere, una professione. Allora le sue mani, finalmente, non erano più mani sferraglianti, obbedienti ai tasti delle macchine, e il cervello libero di arrampicarsi ad altezze vertiginose tra groppe di mulo e torri. Fu allora che incontrò Uta in queste città, dove era arrivato per caso.

Ma il ricordo di quei giorni lo aveva messo a lungo da parte. Quando le forme si sarebbero di nuovo ritirate nella pietra, allora se ne sarebbe sbarazzato, ne sarebbe stato liberato. Con il passare del tempo, però, crebbe il timore rispetto a questa liberazione, rispetto alla forma di questa liberazione. Tutte le vie di fuga erano sbarrate. Dovette dunque rimanere. Accontentarsi della quotidianità, del sempre-uguale. Qualcosa che già assomigliava di più alle pietre della sua infanzia, ma era solo una pallida imitazione di quello che un tempo sapeva.

Esprimersi al riguardo non era probabilmente riuscito a nessuno, pensava. Era qualcosa che probabilmente si trovava al di là dei confini, era probabilmente la sorgente. Qui probabilmente giaceva sparsa la nostalgia e suppurava come un vulcano nascosto nera brodaglia sui visitatori, nera bile. Si mise a lanciare pietre intorno a sé, di nuovo soltanto pietre, neri proiettili, ovvero se stesso.

Quando ogni forma era stata trovata, tutto ponderato, allora non gli rimaneva che distruggere. Come già i padri, che avevano distrutto anche loro stessi, lasciando in eredità null'altro che questo.

Per lui rimasero solo i sogni, senza più la forza di diventare desideri. Sarebbe rimasto il silenzio, il diritto di fare silenzio. Nessun gesto, nemmeno simbolico. Bisognava rilasciare di nuovo le persone dalla loro immagine.

E io so, così stabilì, come rilasciare Uta.

Si aggionga una altra proportione a guisa di donna bella et alta.
Ante di initiare a facere il corpo, si disegni il capo in tre quadrati accanto, similmente a quanto descritto di sopra.

La mattina Eckehardt mi stava aspettando.

Si initii a dividere tutte le profondità delle membra con linee perpendicolari. Siano notate con lettere.

Il corpo di Uta stava danzando innanzi al suo occhio interiore, mentre quello esterno si perdeva immaginandosi una qualche posizione. Iniziai a camminare per l'atelier, a prendere tutto in mano, a immergere le dita nella colla di cui Eckehardt per un po' non avrebbe avuto bisogno, a passare le dita sopra le figure abbozzate. Perché mai mi aveva chiesto di venire proprio quella mattina, di buonora? Eckehardt doveva prima valutare che significato avesse scolpire veramente quella pietra, adesso. Avrebbe potuto fare degli schizzi. Macché schizzi. Non voleva impegnarsi fino a quel punto, in realtà. Io parlavo. Mi chiese perché stessi parlando senza sosta. Così sveglia e così viva, e una così avrebbe dovuto posare per la sua morta?

Caffè? chiese, e io feci cenno di sì. D'ora in poi vuoi quindi condividere tutto con me, creazione e prostrazione, pensare e lasciarti pensare, disse.

Eckehardt iniziò a disegnare. Era pomeriggio, e tutti i bambini sedevano davanti alla televisione. Non c'era più niente da raccontare. Soltanto una volta si sentì un forte grido dal cortile, ma non si capì se di gatto, macchina o essere umano. Io stavo dormicchiando a occhi aperti. Lui voleva sapere il meno possibile di me. Quanto più estranea, tanto meglio. Era venuto al mondo in un Paese straniero. Un Paese ostile, disse a se stesso.

Veramente lo siamo tutti.

E che sarebbe venuto da piovere. Solo la pioggia sarebbe stata in grado di sciogliere questa tensione, portare il grido sull'orlo delle bocche, liberare il petto dalla sua pressione. Solo la pioggia sarebbe stata in grado di trascinare oltre i presagi, evitando che potessero mettere radici tra le cellule.

Respirare.

Com'è che si fa a morire così, a lasciarsi semplicemente andare?

Lasciarsi andare?

Non è che ti stai facendo dei film?

Però dovrai pure affrontarla, questa cosa.

A me servono solo i soldi per poterti pagare e fare altro.

Ma per me pagava Uta. Osservai che mi sembrava una totale stupidaggine. C'era quest'occasione unica di affrontare la cosa. Perché si muore così, senza motivo? E chi mai ha un motivo per vivere? Eckehardt si innervosì perché avevo freddo. Questa smania di occasioni. Così, diceva sempre, ci si lascia sfuggire ciò che si vorrebbe fare. Così non capirai mai niente, disse.

Tutto questo adesso non mi sembra più ridicolo. Chiedo alle persone cosa sono disposte a farsi mancare. E non ottengo risposta. Perché dovrebbero essere disposte a farsi mancare qualcosa? Dicono che ci sono state guerre e che ancora ce ne siano. Loro, però. Loro che fanno spallucce. Solo i più giovani ridono. Perché dovremmo esser disposti a rinunciare a qualcosa? A tutto, dicono, a tutta questa vita di merda, se ce ne danno una migliore.

Come pensano sia la luna, chiedo loro, e quelli ridono. Così com'è, dicono, e io non chiedo come sia. Anch'io la luna non me la immagino. Non mi immagino nemmeno il mondo. Stanchezza e vento. E l'uomo del parco, al quale ho scattato centocinquanta foto. Clic. Mi suona come una trappola. Clic, e si è catturati. Quel che ho catturato di lui appartiene a me. Non potrà mai riceverne indietro nemmeno un poco. Può solo cercare di imitarlo, ma il risultato sarà misero, sottile e trasparente. Se si fermasse, se potesse un'altra volta venirmi incontro, allora non dovrei trascinarmi dietro quest'infernale celluloide. Io potrei vedere lui e lui me. Ma il tempo è ancora qui, io devo andare ai miei questionari e lui avanti, da qualche parte, in cerca.

Lui cosa sarebbe disposto a farsi mancare? Me. Nient'altro, solo me. E so che gli manco.

E se Uta all'epoca se ne fosse andata perché le mancava qualcosa? Se lei, l'assente, avesse desiderato noi? Non l'avevamo abbandonata una volta per tutte, Eckehardt e io? Ho saputo solo più tardi che la notte in cui aveva lanciato lo scalpello contro i bambini non era tornato a casa.

Si era messo a vagabondare da qualche parte in città, confuso, voleva andarsene, andarsene chissà dove, cercava un luogo, un posto, forse una via d'uscita. Se però già da bambini si è iniziato a costruire strade, attraverso tutti i corridoi del cervello, continuamente strade, lunghe, ampie strade attraverso il Paese amato, verso altre strade promesse, che dovevano creare spazio, e che adesso qualcun altro, che si ama e che si vorrebbe avere intorno a sé, utilizza come vie di fuga. Allora.

Uta se ne sarebbe andata. Questo lo sapevamo, Eckehardt e io.

Alle sue spalle non rimase un cielo vuoto, soltanto un appartamento colmo di cose inutili, del tutto fatiscente, in cui nessuno voleva più entrare.

Eckehardt vide come riempiva le valigie. Già da giorni. Non era il solito fare i bagagli, come quando andava in tournée, non c'era nessuna danza tra lei e le valigie, troppo poche. Sceglieva con cura, non buttava tutto alla rinfusa nel grande sacco. Cercava le cose essenziali, misurandole attentamente, misurandole nelle proprie mani.

Noi la stavamo a guardare. Eckehardt stava a guardare. Ci sono spiegazioni per la partenza? Ci sono spiegazioni per questo stare lì seduti senza muovere un dito, per questa impotenza? Ma l'impotenza non è una piccola morte. L'impotenza è vita.

Percorsi cerebrali sgombrati, aprire vecchie strade. Gli serviva qualcuno che sapesse aprire? Euridice, una scusa per un lungo viaggio. Perché vuoi tornare indietro, Euridice? Ci siamo abituati alla tua morte. La tua assenza ci è sacra. Qui alleviamo furie e le rendiamo arrendevoli con il nostro bel canto rivolto a te, con i nostri pianti intorno a te. E allora si sciolgono, oh, come si sciolgono dolcemente. Euridice, rimani dove sei, non distruggere la nostra nostalgia.

Eckehardt era quasi sempre nel suo atelier in quei giorni, aveva quasi smesso di difendersi dalla bella sconosciuta che doveva trasferire nella sua pietra.

Anch'io avevo smesso di svolazzargli intorno. Stavo coricata lì come gli serviva, fumavo e tacevo.

Ora sono quindi seduta qui e so che tutto questo si è dissolto. Non è più richiesto il rigore dei giorni, è diventato inutile. La lingua che parlavamo a vent'anni si è frantumata. Forse dovrei avere il coraggio di rintanarmi con pochi fedeli in una comunicazione minuta, con loro ampliare e rafforzare la parola, con confini netti, con mura impenetrabili. Solo così potremmo portare in salvo una parte del codice in un tempo che non ne farà più uso.

Davvero ora tutto si è volto al contrario? È finito per davvero un sogno che non avrebbe condotto da nessuna parte, come dice Eckehardt?

Credo che volesse costruire un monumento a se stesso, quando interruppe gli studi. Non ha imparato nessuna professione, si è consegnato a questo sogno. Non aveva nulla a che vedere con il diventare liberi. Non era un'opportunità per lui, come pensava Uta, andatasene troppo presto.

Lui aveva sempre pensato a un'opera. Si era sempre considerato un creativo. Solo il tempo gli aveva impedito l'accesso alla madrelingua dell'arte. E voleva lasciare un segno che lo rimuovesse, ma lo stesso tempo spazzò via anche quel segno.

Ora gli rimaneva la morta nella pietra. Da quali radici doveva trarre la forza per scolpirla? Per quanto gli sussurrassi cose, erano assolutamente troppo miti, non gli facevano fare un solo passo in avanti.

Ora so che iniziai ad allontanarmi da questo mondo già quando feci da modella a Eckehardt. Mi ero già incamminata su un'altra strada. Anche Uta all'epoca si liberò danzando. E sembrava che stesse danzando la propria strada. E lui, Eckehardt, dove doveva andare? A Uta non importava se la scala mobile conduceva verso il basso. Farle invertire la direzione, aveva detto. Trovare qualcuno che parteggi per te.

E tu per chi parteggi, Eckehardt, e a nome di chi? Lì non c'era nessuna tovaglia bianca da guardare per evitare il suo sguardo. Lì c'era solo la pietra non scolpita, in cui doveva scolpire la morta, e il telo che la ricopriva era grigio.

E Uta non sollevò il telo dalla pietra, e non gli chiese nemmeno della sua assenza.

La mattina, improvvisamente, lui alzò il coperchio della sua cassetta degli attrezzi e lesse a voce alta: godete. E sotto i gessetti c'era un foglietto di carta con la scritta: *Concedetevi il piacere, quello sublime, quello nobile*. Eckehardt accartocciò il foglietto e gettò a terra il coperchio. Prese poi a pestarci sopra con i piedi e con la manica pulì ancora una volta il tavolo. I gessetti colorati si frantumarono sul pavimento dalle piastrelle di pietra. Lui li schiacciò del tutto, disegnò dei cerchi con la punta del piede sinistro, li triturò finché non rimase più niente.

Poi con le braccia scaraventò a terra anche le matite e gli scalpelli, caddero le sue lime, un portacenere e un bicchiere da vino, tutto cadde sul pavimento di pietra. E sul giornale che spuntava da sotto tutte quelle cose c'era scritto a lettere cubitali: *Desiderate finalmente qualcosa di vero.*

Io ero accanto alla pietra e non mi mossi. Eckehardt prese in mano due disegni e li strappò a metà. Poi ne prese altri e continuò a strappare. E ne strappò altri ancora, tutta la risma. Ormai non era più nemmeno arrabbiato, lo faceva come fosse una cosa da portare a termine. Come tagliare la legna se si vuole accendere la stufa.

Ero certa che non mi stesse vedendo e volevo andarmene. Quando uno è così invischiato nella sua rabbia si dovrebbe lasciarlo solo. Lui invece mise per un attimo da parte i suoi disegni, mi afferrò per l'orlo della maglia e mi trascinò indietro. Stai seduta in silenzio, disse. Ti pago per star seduta.

Mi spinse sulla prima sedia che c'era e mi disse che non dovevo osare alzarmi un'altra volta. Io pensai che adesso non rimaneva che la colla, e che l'avrebbe cosparsa ovunque. Ma si era già sfogato. Forse il mio tentativo di fuga lo aveva distratto.

Perché non c'è Uta seduta qui? Perché lei è diversa. Perché lei non può semplicemente star qui seduta.

Perché c'era ancora il timore che potesse riaffondare in se stessa. Solo Uta non ne aveva.

Dissi che le avevano tessuto una tela. Certo che si sentiva prigioniera. La fai così semplice, tu. Se dovesse ricadere. La vita è sfilarsi, dissi, da questo nessuno può proteggerti. Voi tutti lo impedite a Uta. La pagherete. Vi meraviglierete. Ma se Uta resta senza un appiglio, sai cosa le succede? Che noia, pensai. Anche tu non fai che costruire ipotesi. Di cosa è lastricata la via. Dove porta la via lastricata. *Che farò senz'Euridice.* E le tue mani belle, forti, riposeranno inerti nel tuo grembo. Tutto regredisce.

Se non faremo nulla contro, se non faremo nulla per. L'edera riconquista il muro e dietro al muro d'edera ci aspettiamo cimiteri. Ma non è più così. Dietro ai muri d'edera non c'è nient'altro che ancora edera. Possiamo lasciarla lì, se ci piace, possiamo potarla, se ci dà fastidio. Possiamo abbattere il muro. Costruire qualcosa di nuovo dalle pietre.

Saccenteria, disse Eckehardt. Da dov'è che viene? Davvero potrei aver allontanato Uta con i miei discorsi? Ma se ci conoscevamo appena.

Cosa pensasse Uta all'epoca non lo so. *È molto difficile estrarre il nocciolo da involucri mitici.* Certo è che noi sperimentiamo persino l'equilibrio soltanto in forma di parole, una pressione da fuori che diventa talmente forte da mandarci ogni volta in frantumi. Credevo però che Uta fosse immune da questa costrizione esterna. Misurò tutti i posti nei quali, seduta, aveva atteso. Misurò la sua pazienza, la ritenne infinita e se ne rallegrò. Una divinità riposa in me.

La danza, che un tempo l'aveva liberata, ora voleva liberarsene.

Orgoglio e colpa è la memoria.

Quando Uta dichiarò che non avrebbe più danzato l'Uccello di Fuoco, tutti rimasero sconcertati. Volevano mettersi immediatamente in contatto con Eckehardt, con sua madre o almeno con il suo dottore. Eckehardt era con la sua bella morta, con me, non raggiungibile. La madre era disposta a parlarle, ma non riusciva a rintracciarla. E il dottore era in vacanza. Così si vide Uta per la prima volta sola, lasciata a se stessa. Nei labirinti verso le immagini taurine lei si credeva sola. Del resto, lì nessuno ci va da solo. Si è sempre accompagnati dai desideri di coloro che devono essere salvati.

La danza non risolve nulla, disse. Non potremo mai più essere così adulti da rallegrarci per gesti docili. Invidia. Io, Uta Fantoccio.

Si sa solo che rifiutò tutto, disse semplicemente di no e se ne andò.

Si cercò di spiegarle che doveva pur vivere in qualche modo, guadagnare soldi, se ne sarebbe certo resa conto. Ma Uta non ne aveva la minima idea, la minima paura. Pensava che la si volesse distrarre, come si era sempre fatto, per stanarla da se stessa. Il destino non la riguardava. Ci avrebbero pensato altri a procurargliene uno, più tardi, senza chiederle il permesso.

Per la prima volta un predicatore si fermò dopo la messa di mezzanotte davanti al crocifisso, lamentandosi fervidamente con Dio di non riuscire a immaginarsi il suo martirio e le sue sofferenze, e quanto ciò lo amareggiasse, poiché di questa mancanza aveva sempre molto sofferto. E mentre si lamentava, i suoi sensi interiori furono pervasi da un'insolita estasi, poi lo raggiunse una chiara epifania: «Devi fare cento genuflessioni e accompagnare ogni genuflessione con una particolare contemplazione del mio dolore e in ogni contemplazione agognarlo, e ogni dolore ti si imprima nello spirito, di modo che per amor mio tu stesso lo patisca fin dove riesci.»

Io sono maestro d'atleti.

Eckehardt credeva ora di capirlo con più precisione, era l'ebbrezza ad averlo lasciato. Essere lasciati, ne aveva parlato anche con Uta, ma Uta non aveva fiuto per queste cose. Come si poteva essere lasciati? E adesso lo lasciava persino l'ebbrezza. Uta l'aveva lasciato. Lei però l'aveva inteso in modo diverso, del tutto diverso. Adesso devo partire, aveva detto. Non sono mai vissuta così a lungo in un luogo. Non ti lascio, aveva detto. E poi arrivò quella lettera, in cui non c'era scritto niente. Un foglio bianco, intonso. Eckehardt lo girò e rigirò, lo tenne contro la luce del sole, si mise sotto una lampada, niente, nemmeno un minuscolo segno. Uta non aveva certo voluto fare uno scherzo. Possibile che avesse semplicemente inserito nella busta il foglio sbagliato? Come ci si poteva dimenticare di scrivere una lettera? Eckehardt si immaginò Uta intenta a prendere un foglio e, come l'aveva già vista spesso fare, infilarlo in una busta, scriverci sopra l'indirizzo e poi sedersi in un bar qualsiasi a scrivere. Forse era andata al sole. Il timbro era quasi illeggibile. Doveva trattarsi di Roma. Ma Roma era la città di Eckehardt. (Via dei Coronari 64, terzo piano.) Questo è tacere.

L'ebbrezza lo aveva lasciato. L'ebbrezza non voleva più tornare da lui. Altri lo reclamavano, adesso. Eckehardt si guardò intorno. Cos'era? Un guardare e confidare. L'ebbrezza era giunta con dita di rosa, Eckehardt le si era seduto in groppa. Sulla sua groppa larga, rosa. Come quella di un maiale, aveva pensato Eckehardt, ridendosela sotto i baffi, perché non aveva desiderato nient'altro così intensamente, e adesso se l'era filata, lo aveva lasciato, scaricato, ed era andata da altri. Che adesso sorridevano maliziosamente. Che erano gelosi. Era forse invidia? Gelosi per via di quel sorriso, di quelle dita da maialino.

Era ancora seduto e incapace di qualsivoglia movimento. Avrebbe potuto ballare quella sera. Quella precisa sera perdersi nella musica, pestare il tempo con i piedi, far ondeggiare i magri fianchi sulle gambe storte, forse addirittura compiere delle giravolte. Ma l'ebbrezza lo aveva lasciato.

Così gli rimase solo quel sogno che nessuno poteva utilizzare. Il sogno della pietra, il sogno di pietra. *Signore, io cerco la tua divinità e tu mi porgi solo la tua umanità*. Quando Eckehardt la mattina presto tornò nel suo appartamento, ad accompagnarlo c'era un tizio sconosciuto. Altezza media, volto medio, vestiario normale. Presero vecchi libri dagli scaffali, un atlante, e posero le loro dita su punti e nomi. *Metaforiki*. Per tutta la mattina veleggiarono attraverso l'intera Europa, solo intorno alle undici si trovarono a corto di un passaggio fluviale, un canale non era ancora stato scavato, e dovettero rinunciare al loro viaggio. Inoltre, le rive dei fiumi erano ricoperte di vegetazione, così, appena usciti dall'acqua, ebbero non poche difficoltà. Dovettero arrampicarsi sotto bassi cespugli, aprirsi un varco a destra e a sinistra tra i nocciòli, strisciare sopra muschi e licheni, finché finalmente si ritrovarono lì dove erano saliti su quella barca. Allora rasero semplicemente tutto al suolo.

Non si resero conto dell'imbecillità di quell'escursione. La profezia che dice ovunque andrai altri ti seguiranno (puoi lasciare tutto e andartene), non era loro di sufficiente conforto. Ovunque andassero c'era sempre già stato qualcuno prima di loro, improvvisamente ne furono consapevoli, e in più non avevano alcuna voglia di scavare di nuovo il canale. Forse incontro a una marmotta.

Nel viaggio verso Sud non era più estate. Le foglie ancora non cadevano dagli alberi. Eckehardt di alberi non ne vedeva nemmeno più. Come poteva, come caspita poteva Uta arrivare proprio quel giorno ed esattamente a quell'ora nella casa che stava crollando? Lui aveva supposto si trovasse altrove, supponeva sempre che fosse in un altro luogo.

Le voci di coloro che si erano messi alla ricerca lo accompagnavano dalla radio, insieme a immagini di catastrofi che non conosceva. Qui un tempo avrebbe voluto vivere, se non ci fosse stata Uta. Qui doveva vivere adesso Uta, nel luogo in cui per la prima volta egli aveva sperimentato la pietra: la pietra marcescente, quella docile, che dopo secoli crolla, la pietra tradita su questa terra volubile. La pietra che riemerge dal mare, in forma umana. La pietra incandescente che rotola sui pendii.

I confini erano permeabili, modeste code alla barriera, insignificanti, si stava addossati uno sull'altro in questo vecchio continente. Avrebbe voluto recarsi verso Est, dove ci si riconosceva in modo diverso, dove ancora si pativano la fame e la natura. Tutte situazioni presenti anche qui, sporadicamente persino nelle città, dove poi venivano trascritte dai giornalisti perché le si leggesse e dimenticasse. Eckehardt avrebbe preferito dimenticare altrove, in un Paese più straniero.

Al secondo villaggio dopo il confine, seduta in strada davanti a una bettola tirata a lustro, c'era Lore.

Lore stava ritta su un piede solo ed era incredibilmente bella.

Vuoi del vino?, chiese.

Lasciami in pace. Sono le undici del mattino e devo arrivare fino a Napoli.

Il signore non beve vino. Il signore oggi beve latte. Il signore è malato, disse.

Lo vuoi tu un bicchiere di vino?, chiese Eckhardt.

Lore non beve. Io non bevo, disse.

Al che lui si prese comunque un caffè e quando tornò, Lore era appoggiata alla macchina.

Ci sei cascato, ci sei cascato.

Che significa cascato?

Il signore non beve, ma tutti devono bere. Tutti qui devono bere, Lore dice che tutti devono bere.

Aveva trascinato la sua pesante catena per un metro intero fino alla sua macchina, e quando lui si mise al volante e girò la chiave con l'intenzione di ripartire, lei sollevò le sue ali tarpate. Le permisero soltanto di fare un piccolo salto.

Attenta, Lore, attenta, Lore. Il signore è scontroso.

Eckehardt scosse la testa. Era sempre stato fiero di padroneggiare quella lingua, l'italiano. Dietro di lui il pappagallo continuò a gracchiare, il signore è scontroso, il signore è scontroso. *Un cuore senza amore è tanto incapace di capire una lingua piena di amore quanto un tedesco un italiano.* Cosa capiva però di se stesso?

Non aveva voglia di percorrere la provinciale, adesso. Voleva solo un'autostrada grigia senza sfondo. Soprattutto senza quello sfondo, lo sfondo della sua infanzia. Lore ne faceva parte. Sicuramente si trattava adesso di un'altra Lore. Ma pure per quanto riguarda gli esseri umani, qui non si era mai andati per il sottile. Il vecchio o il giovane. Anche lui qui, in una di queste valli, avrebbe avuto un nome così. Un nome con cui non l'avrebbe mai chiamato nessun altro, che nessuno poteva venire a sapere e che, ciononostante, gli apparteneva. Un nome, quale egli era e doveva essere. Anche decenni dopo. Qualcuno si sarebbe ricordato del taglio dei suoi occhi e l'avrebbe chiamato con quel nome.

Così qui si chiamavano piante e animali, così si chiamavano perfino le pietre. Queste pietre che stavano su, dritte, per gli esseri umani. Avrebbe voluto rivedere lì una delle persone di allora? Una, Johannes, ma lui era morto. Oppure Luigi, che non era più lì. Lì non c'era più nessuno. E dagli assenti era nato questo paesaggio. Anche lui adesso doveva attraversarlo, questo Paese diventato meta turistica.

E presto sarebbero iniziati i vigneti. Pensò alle botti e all'uomo anziano, suo nonno, che attirava la gente in cantina. E che poi si divertiva come un bambino quando, tornati all'aria aperta, quelli si piegavano sul trogolo dei cavalli per vomitare l'anima. Ci devono lasciare in pace, aveva detto. Una manciata di contadini: tedeschi, italiani, ladini e nomadi. I nomadi si estingueranno per primi.

Noi nomadi siamo gli unici rimasti, pensò Eckehardt.

Uta si staccò lentamente dal suo piedistallo. Era fatica, grande fatica, e continuava ancora a meravigliarsi che niente crollasse quando muoveva la testa. Perché sostenere tutto ciò se sta in piedi da solo? Un tetto di cento tonnellate sui suoi capelli, con i piccioni che l'avrebbero presto ricoperta di guano. I piccioni. Non per amare venivano da lei, planavano con le loro ali stanche sul suo viso e si posavano sulle sue spalle per morire.

Adesso era come se mille piccoli aghi le si fossero conficcati nei piedi, questa cosa doveva finire se si doveva scendere giù. Vide ancora i suoi fratelli, imperturbabilmente saldi nell'abito di pietra, non volevano crederci – oh, se fossero scesi con lei, l'edificio sarebbe potuto crollare, lei non l'avrebbe voluto.

Venti dal sentore umido intorno alla collina, mai più in vita sua avrebbe voluto imparare a stare in piedi.

Spingendo adesso la gamba sinistra davanti alla destra percepì corpi tremare e la moltitudine di piccoli esseri umani che aveva visto sotto di lei, giorno dopo giorno, chissà se tutti tremavano lì sotto, mentre la sua gamba non voleva più tornare nella vecchia posizione. Davanti a un'ombra in basso, che per un secondo strisciò sul ciottolato, improvvisamente si ritrasse spaventata, e la testa andò a sbattere contro il vecchio tetto, al che, sopra di lei, tutto di nuovo si irrigidì. Questa sensazione, dolore probabilmente: nausea. Uta si svegliò soltanto all'impatto con il terreno, su un prato scuro. Le usciva sangue dal naso, e nelle ossa dolore, questo era essere vivi, strisciare carponi, l'ombra frusciava, tutte le ombre sono assassine, Uta. Si ritirò tra i cespugli, coricata di pancia, a guardare il gigantesco duomo che iniziò a scricchiolare, a ondeggiare dolcemente nel vento, per poi lacerarsi, deflagrare e crollare su se stesso, leggero, una nuvola soltanto schiumò in alto verso il cielo nero, mentre intorno si era fatto silenzio, notte, silenzio di tomba.

Che ne è stato dei miei fratelli?

L'uomo con il camice bianco posò la sua mano sulla fronte di Uta, aveva un cattivo odore, i medici trasmettono una sensazione di sporco.

Tolga la mano dalla mia faccia, dottore.

Se una dea si fa precipitare a terra non la deve vedere nessuno. La voglia di continuare a strisciare, giù nel fango, carponi, così è dunque la terra, melma grumosa, non ha un buon sapore, è calda e speziata, melma, soltanto melma. Uta se la spalmò sul corpo nudo, spargendo accuratamente la massa sulla sua pelle. Questa deve essere vita. Vita. Salvifica. La sensazione di calore ed equilibrio. Mai più cadere, le pietre si sono coricate. Eckehardt, dove sei, mio re, fratello mio?

Non guardare indietro, Uta, non adesso. Forse lui è ancora lì, lo sguardo perso nel cielo nero, le pupille fisse, proiettate in avanti. Aurora, quando arriva su di me il tuo cielo?

Ma non vede che si sta muovendo? Ha sbattuto le ciglia, dottore, è cosciente, vuole dire qualcosa, dottore, lei non può...

Il corpo vivente, non gridi così forte, si sveglieranno tutti i pazienti.

Uta si rotolava nel fango. Cercava di tirarlo su con il naso, di arrestare il sangue, stai calma, bimba mia, brandelli di terra e sangue nella gola, si potrebbe soffocare, Eckehardt, dimmi, si può morire di questo?

Sotto i fiori le sue ginocchia andarono però a sbattere contro qualcosa di duro, tornò la nausea, il giramento di testa. Voi pellegrini a corte, voi fanatici d'arte, voi innamorati, ecco, io mi precipito tra voi, mi tuffo di testa nei vostri morbidi corpi, io sola, Eckehardt rimane qui, io sola volo verso il basso, dentro la vita.

Striscio nel fango. È morbido e delicato, accoglie il mio corpo, aderisce come alle scarpe il pellegrino.

Passano sopra Uta, corrono, si appoggiano l'uno all'altro, a cosa giocano?, il terreno sotto i suoi piedi, solo Uta, Uta Terra, viene calpestata. Scappano via, zampillano dalle case come il sangue dal naso, trema tutto, trema di paura, come topi nelle trappole, schiattare, molla la presa, campo libero. Eckehardt è lì, di pietra. Dietro di lei di nuovo scoppi, esplosioni, crolli. Seimila finestre in frantumi, una musica come lo scalpitio dell'inferno. Uta si è persa lo spettacolo, la faccia nella melma, gli occhi chiusi, le orecchie assordate. La terra non ha un buon sapore, la polvere ora ricopre tutto.

Dottore, sta soffrendo.

La butterò fuori.

A che piano era?

La metterò in strada. Non penserà seriamente che la si possa salvare senza che in qualche modo soffra?

In qualche modo soffra. In qualche modo soffra. In qualche modo soffra.

Uta sentì una lumaca sotto il suo ombelico, poteva essere di pietra. Si passò la mano lì sotto, la tirò fuori. Uta voleva coricarsi di schiena. Ti ho protetto insieme al tuo guscio, creatura strisciante. Adesso procede sul corpo di Uta disegnando strade di bava. Così la polvere resta attaccata, lega.

Nella cassetta della posta c'è una lettera pesante. Riesco ancora a ricordami esattamente i giorni della partenza di Uta. Di nuovo sentivo solo la sua voce, ma non capivo niente. In mezzo, le risate di Eckehardt. Ok, diceva. Se non puoi fare diversamente. Anch'io lavoro tantissimo. No, non posso in nessun caso venire con te. Uta voleva che lui l'accompagnasse? È una cosa che non ho mai capito del tutto. Eckehardt disse che sicuramente l'avrebbe desiderato. Allora era lui che non voleva andare con lei? Per via di quella lapide idiota?

Non so più come mai allora vivessi da loro. Forse per via di Eckehardt. Uta forse la vedeva così. Doveva vederla così. So però che quella casa non mi è mai piaciuta. Ma poi, ci si può davvero scegliere case che piacciono? Ci si può scegliere tempi, quando li si desidera avere? Non ho mai capito nemmeno Eckehardt. Che c'è di male ad andarsene da qualche parte?

In quel periodo Eckehardt beveva molto, o anche no, non lo so, era assente. Di giorno era quasi sempre in biblioteca, dentro spazi angusti dove c'è puzza di sudore. In quei giorni parlava molto di privazioni, e io pensavo che si divertisse a crogiolarsi in quel dolore. Perché io stessa pensavo invece, Dio mio, ma Uta mica è morta. Sapevo che Eckehardt aspettava una chiamata. Ma lui sapeva meglio di me che Uta non avrebbe chiamato. Non lo faceva mai quando era in viaggio. Borbottò di una lettera in cui non c'era nulla da leggere. Solo il dubbio. Il dubbio aleggia nell'aria, disse. Lasciamolo aleggiare.

E io lo guardavo, osservavo le sue mani sul foglio bianco, ancora carta. Quand'è che inizi finalmente a scolpire?, chiesi. Ma lui non voleva.

Continuava a tirar fuori dallo scatolone lo spesso tomo, guardava le figure. *Uta e Eckehardt. Opere scultoree nel coro occidentale del Duomo di Naumburg. Vi si intravvede innegabilmente la mano del Maestro, che però fa un passo indietro, mettendosi volontariamente nell'ombra. Nell'anonimato del puro servizio. Morti da duecento anni quelli che adesso sono lì, scolpiti nella pietra. Non si tratta di santi, bensì di fondatori.* L'esatto contrario di santi. *Costumi tradizionali del casato degli Staufer: loden e cuoio, gioielli e armi, due secoli dopo. Ci si immagini quanto sarebbe impossibile, oggi, avere un effetto monumentale con i costumi contempo-*

ranei. Anche in un'epoca monumentale era comunque un'audacia enorme. Pesante pietra calcare.

La coppia perfetta, Eckehardt e Uta. *L'energia di Eckehardt, il ritegno della donna e la mano di Uta, questa mano incomparabile, connubio di pienezza e delicatezza, di morbidezza e forza.* L'anello al dito indice. Se già sapeva tutto quando conobbe Uta, gli chiesi. Lui rise. *Un'audacia enorme.*

Ti cercherai una casa? Sì, volevo cercarmi una casa. Ma perché me lo stava chiedendo? Io volevo trovare una casa e poi semplicemente dire che me ne andavo, traslocavo.

Parlò di Johannes. Avrebbe scolpito una lapide a Johannes? Se qualcuno lo avesse pagato, se Johannes avesse lasciato soldi in eredità, se.

Non si possono gettare pietre così pesanti nelle vite delle persone. Johannes e io avevamo la stessa estrazione. Eckehardt da bambino non giocava con noi, non veniva nella nostra ricca tomba. Questa cosa nessuno la sa.

Noi da bambini. Eckehardt non mi è mai piaciuto. Tra lui e Johannes c'era un altro gioco. Anni dopo, entrando nell'atelier mi venne in mente. Ne avevo parlato con Johannes, di come Eckehardt amasse l'inverno. Di come pressasse figure nella neve, le mettesse in piedi e osservasse timoroso, da dietro il grande albero senza foglie, come tutto si scioglieva. Come poi tirasse sempre un sospiro di sollievo, è tutto finito, l'ho superato, diceva, presto l'avrò superato.

Quel che sapevo dei loro giochi era tutto quel che non ne sapevo.

Preferirebbe trovarsi in un supermercato in cui persone incappucciate armate di pistola stanno per effettuare una rapina alla cassa, oppure preferirebbe sbucciare patate per una settimana? Io preferirei svaligiare il supermercato. Ma questo non era previsto. La gente metteva le crocette sull'alternativa o-o.

Ma io dov'ero stata tutto quel tempo? Dov'erano state queste persone che ero abituata a vedere ogni giorno e che adesso stentavo a riconoscere?

Poco dopo la prima lettera arrivò un telegramma. Non era di Uta. Erano i giorni in cui le radio trasmettevano notizie di catastrofi dalle zone del terremoto in Suditalia. Si supponeva che Uta fosse a Roma, invece aveva proseguito il viaggio.

Come ogni mattina andai da Eckehardt, nell'atelier, avevo sempre meno voglia di questo lavoro che non era più un lavoro, visto che aveva finito tutti gli schizzi; avrebbe scolpito da solo, ormai passava le giornate a incidere sognando altre figure nella pietra, di cui non mi raccontava nulla, solo spezzoni di pensiero qua e là, faceva solo finta di conversare con me, in realtà era talmente distante che facevo fatica a non dimenticarmi di me stessa. Quella mattina, tuttavia, alla porta c'era un tizio sconosciuto che mi chiese di Eckehardt. Se stesse ancora dormendo, se poteva lasciargli un messaggio. Eckehardt era scomparso. Se n'era andato.

Non c'era nulla di chiaro.

Io non vorrei fare niente di tutto ciò, aveva detto la signora in sedia a rotelle, certo non pelare patate. Vorrei starmene seduta qui così e cucire i miei uccelli. Sordocieca in questo caso non è previsto. E se lei fosse costretta? Certo che sei strana, aveva detto. Credi davvero che mi si potrebbe costringere a pelare patate?

La osservai più attentamente. L'Uccello di Fuoco. Musica. Uta? Non sei Uta?

Gli occhiali, la voce e lo stare seduta. Quanto dovevo essermi allontanata per non riconoscerla? Perché non guardavo i nomi ai campanelli? In ogni altra occasione i nomi li guardo sempre. Ma per questo lavoro mi è stato detto che i nomi erano superflui. Avrei lo stesso potuto dare un'occhiata. Non riesco mai a ricordarmi i nomi in relazione alle facce e alle persone. Li trovo soltanto divertenti, come suono. A volte significano qualcosa, oppure si capisce ancora cosa volessero dire una volta.

All'epoca ci conoscevamo appena, disse Uta, e io pensai che mi avrebbe raccontato com'erano andate le cose. Invece mi mandò via. Eckehardt sta bene, disse. Lavora.

È stato ieri, sull'uscio. Acquattata davanti al buco della serratura, con il piccolo dolore nella scarpa, con i questionari sul braccio, con le domande che non indagano alcunché. Sordocieco non c'è scritto sui questionari. Sordocieco non esiste perché niente porta fin là. Le mie piante si voltarono verso l'ultimo sole. Il mio amico morto non stava seduto al tavolo, lì c'era solo mezza bottiglia di vino scadente che volevo versare nello scolo. Avevo soldi nuovi in tasca e potevo permettermi bottiglie migliori.

Anche il guanto lì accanto, sul tavolo, non aveva tracce di sangue. Johannes non gioca col guanto, a Johannes non importa con chi io giochi. Ho centocinquanta foto, la contabilità completa sul tempo di uno sconosciuto. Non ne saprà mai niente.

Avevo sperato che gli sguardi dei vicini mi avrebbero spianato la porta, ma una cosa simile non può succedere. Avevo lasciato le finestre aperte. Se fuori si alzasse il vento, se spingesse i rami del vecchio tiglio fin dentro le finestre, se soffiasse semi sul mio letto, allora lì potrebbe radicarsi un grande albero, pioppi si stringerebbero ai muri, castagni toccherebbero il soffitto, lentamente i rami risucchierebbero la casa, la schiaccerebbero dentro la terra. Rimarrebbe solo una caverna in cui potrei far nido insieme ai passeri. Qui però non osa venire nessun seme. Gli alberi si voltano dall'altra parte. Ma a cosa mi sarebbe servito un albero nel letto? Ho con me i miei questionari e il mio libro, quello che si moltiplica, che non può essere letto fino in fondo, che continua a sfogliarsi. La chiave non è lì.

Non posso continuamente trapanare le mie domande in volti sconosciuti. In realtà so perfettamente che non esiste nessun nesso. Il mio rapporto con le persone non serve a niente, aggiunge solo nuove domande alle risposte che devo consegnare. Dovrei semplicemente sbrigare il mio tot di questionari. Le persone sono molto più forti di quel che credo. Sopportano che un essere del tutto sconosciuto stia davanti a loro e punti il dito sulla domanda: quando si è masturbata per la prima volta? Non posso mica chiederlo ad alta voce, a questo tipo di domande non va data una voce, meno che mai la mia. Inoltre, la domanda mica dev'essere per forza formulata, basta spuntare quel che corrisponde, e c'è sempre qualcosa che corrisponde.

A queste domande non va assegnata neppure una faccia. D'altronde nemmeno io stessa so esattamente a che scopo vengano poste queste domande. Se lo sapessi, potrei spiegarlo a tutti con la massima precisione, e la gente potrebbe dire se vuole il giocattolo oppure no. Così invece posso solo guardare la gente riempire il modulo e qualche volta indicare con il dito una domanda. E mi meraviglio ogni volta che non siano per niente imbarazzati. Ma ciò deriva dal fatto che io per loro non sono che una parte del questionario. Il braccio allungato di Sua Maestà, il grande onnivoro. Li capisco molto bene. Se si dovesse prendere ciascuno per ciò che veramente è, non si potrebbe mai affrontare se stessi. E infine per coloro cui vengono poste le domande io non rappresento niente, perché non so cosa ne sia delle loro risposte, e loro lo sanno che non so niente. Chissà da dove viene questo loro sapere.

E io li invidio per il fatto che si sottopongono così docilmente all'interrogatorio.

Ho cercato l'uomo per restituirgli il guanto. Non volevo portargli nessun questionario senza avere una scusa. Lì c'era scritto: cosa vorrebbe tenere con sé di una persona amata che l'abbandona? Io le butterei dietro tutto. E cosa invece lascerebbe, se fosse Lei ad abbandonare qualcuno, un libro, un indumento intimo, uno spazzolino?

Penso che dalle domande si possa capire se qualcuno sia dotato di sufficiente sex appeal. Lo decide il computer.

E quel che scrive l'uomo lo posso leggere quotidianamente sul giornale. Ha scritto anche di cibo per il computer. E a me fa venire i brividi. Perché è disposto a buttare il bambino con l'acqua sporca e degli esseri umani non ha alcuna considerazione. E so che non lo pensa, perché si limita a citare. Cose che da tempo non ritengo più scottanti. Non perché siano scomparse dal mondo, ma perché hanno altre radici.

Ne ho persino parlato con mio padre, una volta, quando ancora pensavo che quella faccenda dell'obbedienza i nostri genitori l'avessero sbrigata anche per noi. Mai più avrebbero preteso seriamente da noi obbedienza, pensavo, quando io stessa ero ancora pronta a riconoscere che esistevano delle necessità, e non volevo parlare con Uta.

E so che l'uomo ha paura che io lo lasci. E lo lascerei. Saperlo, vivere con questa consapevolezza e comunque non essere lasciati. Attraversare la vita senza dover continuamente spuntare qualcosa, portare tutto con sé e tollerare quel che altri portano con sé.

La donna come il Male, oppure l'uomo come il Male. Non voglio più versare la paura da un calice all'altro. L'angelo della giustizia può essere designato a caso.

Haga Zussa mi ha toccata, io mi sono voltata, l'ho guardata negli occhi e non sono morta stecchita.

Un sogno che diventa realtà

di Sabine Gruber e Renate Mumelter

Il 13 marzo 1985 Anita Pichler legge brani del suo manoscritto *Haga Zussa* alla Alte Schmiede di Vienna. Convinto della bontà del testo, Kurt Neumann, direttore del *Literarisches Quartier* – la sezione letteraria del centro culturale viennese –, contatta la casa editrice Suhrkamp, presso la quale un anno dopo il racconto esce con il titolo *Die Zaunreiterin* [La cavallerizza dello steccato].[1] Per Anita Pichler si tratta «quasi di un sogno che si avvera».[2]

Sotto molti punti di vista *Die Zaunreiterin* può essere considerato una vera e propria cesura nella letteratura sudtirolese: da un lato rappresenta infatti una radicale rottura formale rispetto alle modalità di scrittura convenzionali e un allontanamento dai modelli letterari che propugnavano un Tirolo "intatto" e "sano"; dall'altro si tratta del primo libro di una scrittri-

[1] A. Pichler, *Die Zaunreiterin*, Suhrkamp, Frankfurt a/M 1986.
[2] *Interview mit Anita Pichler*, in "FF", 38, settembre 1986.

ce sudtirolese pubblicato da una grande casa editrice tedesca e recepito nell'intera area tedescofona.

Dopo alcuni iniziali tentativi di scrittura per la rivista "die brücke",[3] edita nel 1968 da un gruppo raccolto intorno al politico e intellettuale Alexander Langer, per quasi un decennio Anita Pichler abbandona il proprio percorso letterario. Così ammette in un'intervista:

> Tra il 1969 e il 1978 non scrissi più niente. Non fu soltanto un problema di afasia linguistica. Stavo a Venezia, dove ho frequentato l'università e poi anche lavorato. Penso sia dispeso dalla temperie di quegli anni.[4]

Pichler partecipa attivamente al movimento studentesco, impara il ceco a Praga e si trasferisce a Berlino Est, dove si guadagna da vivere scrivendo testi per trasmissioni radiofoniche e documentari televisivi; lavora inoltre come interprete. Quando per motivi personali lascia Berlino, città in cui si è avvicinata ai circoli letterari che gravitavano intorno a Heiner Müller, accetta un impiego come lettrice di tedesco

---

[3] A. Pichler, *Gedichte*, in "die brücke. Südtiroler Zeitschrift für Kultur und Gesellschaft", 12, ottobre 1968, p. 8.

[4] *Sprachspiele. Anita Pichler in einem Interview mit Renate Mumelter*, in "Sturzflüge", 7, marzo-aprile 1984, p. 90.

all'Università Ca' Foscari di Venezia. Ora ha «molto tempo per scrivere».[5]

Quanto l'ambiente letterario possa essere difficile per un'autrice dalla forte personalità e dai punti di vista assai chiari, Anita Pichler lo scopre molto presto a proprie spese.

Su consiglio della casa editrice cambia titolo alla sua opera, che da *Haga Zussa* si trasforma appunto in *Die Zaunreiterin*. Così scrive il suo editor presso Suhrkamp, Rainer Weiss, in un tributo all'autrice:

> E poi c'è anche un secondo ricordo: quello delle mie argomentazioni, che oggi mi paiono pretestuose, contro il titolo del suo primo libro, che lei aveva così elegantemente battezzato *Haga Zussa*, ma che a me non piaceva, in un certo qual modo mi irritava (cos'è che mi colpiva in negativo?), ritenendolo "inadatto" al commercio librario, per cui poi ci accordammo su *Die Zaunreiterin*, e adesso penso che Anita Pichler ne fosse tutt'altro che felice.[6]

L'irritazione di cui parla Weiss, legandola tuttavia solo al titolo, dopo la pubblicazione sembra colpire anche una parte del pubblico. Il racconto infatti po-

---

[5] S. Gruber, R. Mumelter (a cura di), *Es wird nie mehr Vogelbeersommer sein… In memoriam Anita Pichler (1948-1997)*, Folio, Wien-Bozen 1998, p. 34.

[6] Ivi, p. 119.

larizza, si sottrae a un accesso immediato rifiutando fin dall'inizio la tradizionale narrazione cronologica. In un'intervista del settembre 1986 Anita Pichler afferma:

> Le reazioni sono del tutto contrastanti: alla gente piace il mio libro e il modo in cui l'ho scritto, oppure non le piace affatto. Vie di mezzo in realtà ne ho sentite assai poche.[7]

Il germanista e critico letterario viennese Wendelin Schmidt-Dengler attribuisce al testo una «forza sconvolgente».[8] La «impossibilità di unire i frammenti in un insieme coerente suscita lo sdegno di tutti coloro che avevano sperato di trovare una solida storia», scrive in un suo saggio.[9] Il testo è appunto, «nel vero senso della parola, un testo, una trama di voci e motivi», e l'arte di Anita Pichler «risiede nella capacità di aver tessuto tale trama nel modo più fitto possibile, come se si trattasse di impregnarla contro ogni volontà di interpretazione, spingendo tuttavia costantemente a tentare quest'impresa».[10]

---

[7] *Interview mit Anita Pichler*, cit.

[8] W. Schmidt-Dengler, *Die Zaunreiterin*, in S. Gruber, R. Mumelter (a cura di), *Das Herz, das ich meine. Essays zu Anita Pichler*, Folio, Wien-Bozen 2002, p. 31.

[9] Ivi, p. 3.

[10] Ivi, p. 38.

Il racconto, misterioso fin dall'incipit, stimola una ricerca di spiegazioni e chiavi di lettura. Ma proprio i nessi che chi legge riesce, con estrema soddisfazione, a stabilire, rischiano, secondo Schmidt-Dengler, di inficiare il fascino del testo, «e proprio le lettrici e i lettori più "allenati" corrono il pericolo di diventarne i nemici più acerrimi».[11]

Uno di questi "lettori più allenati" che si aspettavano una "storia solida" è il noto critico Marcel Reich-Ranicki, che definisce, in modo denigratorio, l'estratto di *Die Zaunreiterin* presentato al concorso letterario "Ingeborg Bachmann" di Klagenfurt come «un lavoro di stampo artigianale, semplice bigiotteria».[12]

La rinuncia ad una narrazione cronologica degli eventi e ad una *fabula* ben definita costituiscono solo una parte dell'intento poetico; Anita Pichler rifiuta anche la linearità e la coesione, che invece sono parametri fondamentali dei testi comunicativi convenzionali. «[...] vorrei continuamente attenermi ai fatti vissuti, ma le immagini vi si sovrappongono», recita un passo chiarificatore di *Haga Zussa*. Al posto di una solida storia l'autrice crea nessi mitologici che variano di continuo e si mantengono aperti per consentire alla

[11] Ivi, p. 39.

[12] H. Luger, *Poetische Passage durch drei Filter. Die Rezeption des Werkes von Anita Pichler*, in S. Gruber, R. Mumelter (a cura di), *Das Herz, das ich meine*, cit., p. 166.

fucina di immagini che abitano la lingua di proseguire la sua produzione.

Nella stessa intervista del 1986, poco dopo la pubblicazione della prima edizione del libro, l'autrice afferma:

> Ci sono persone, non definibili per forza come intellettuali, per le quali il mio testo significa qualcosa [...]. Per me la letteratura è un'espressione attraverso la lingua, perciò a volte può essere un po' più impegnativa a livello mentale. Si può paragonare all'ascolto di musica sofisticata, blues e jazz; io mi collocherei più o meno da quelle parti.[13]

Anita Pichler non ha bisogno di un libello ideologico per distanziarsi dalle tradizioni letterarie di stampo patriottico dell'area austriaca e tedesco-meridionale. È la sua stessa impostazione poetologica a essere – poco spettacolarmente – politica, proprio perché si sottrae ad una definizione ideologica.

Intorno alla metà degli anni ottanta un numero sempre maggiore di autrici si oppone alla lucrativa etichetta di "letteratura femminile" che case editrici e critici affibbiano alle loro opere; la percepiscono infatti sempre più come un fattore di limitazione e autolimitazione. Anita Pichler se ne distanzia molto presto e

---

[13] *Interview mit Anita Pichler*, cit.

definisce – in modo assai analitico e realista – la “letteratura femminile” come «un’invenzione del mercato». «Penso», afferma in un’intervista del 1984, «che a volte siamo noi stesse a tracciare il recinto in cui vogliono costringerci, è questo il mio timore.»[14]

Ai fini della ricezione di *Haga Zussa*, è di scarso aiuto in questo senso il testo in quarta di copertina dell’edizione Suhrkamp, in cui si parla di «femminile» che «cerca e trova un’espressione nel ritmo di una prosa inconsuetamente sicura di sé».[15]

Con il testo di copertina, constata Helmut Luger nel suo saggio sulla ricezione dell’opera di Anita Pichler, «si è tracciato un sentiero che in molti casi la critica ha poi diligentemente seguito, non rendendo necessariamente un buon servizio al libro».[16]

Nel tentativo di opporsi in qualche modo allo spaesamento provocato dal testo di Pichler, di estrarvi o apporvi un’interpretazione invece di immergervisi, molti si sono persi per strada. Non c’è una chiave di accesso semplice, giusta. Lo suggerisce già la scena iniziale, in cui il vecchio *topos* della chiave che non apre più la serratura provvede a tingere di mistero l’avvio del racconto. L’aspettativa creata

[14] *Sprachspiele. Anita Pichler in einem Interview mit Renate Mumelter*, cit., p. 106.

[15] A. Pichler, *Die Zaunreiterin*, cit.

[16] H. Luger, *Poetische Passage durch drei Filter*, cit., p. 167.

in chi legge è destinata tuttavia a non essere esaudita; la situazione della chiave che non funziona più non viene infatti chiarita e provoca disorientamento. Schmidt-Dengler scrive che «non vengono forniti nuovi punti certi. Il testo si muove con passo di gambero: a ogni nuova certezza corrispondono due nuove incertezze».[17]

Nonostante la presenza di reazioni critiche al suo racconto, Anita Pichler ribadisce costantemente la sua adesione senza compromessi al testo: «Mi piacerebbe scrivere a tempo pieno, ma solo se ciò mi permettesse di scrivere così come scrivo».[18] Dalla fine degli anni ottanta fino alla sua morte precoce, nel 1997, numerose borse di studio, soprattutto in Svizzera e in Austria, le permettono di essere una "libera scrittrice". Scrive senza farsi influenzare dal mercato letterario, concede raramente interviste ed evita di rendere pubbliche le proprie vicende personali, una linea di condotta che non tutti gli autori seguono. Molti utilizzano la loro vita privata e gli scandali per dare risalto mediatico alla loro voce letteraria. Anita Pichler si distingue invece per la sua riservatezza, il suo sguardo critico verso il mondo dell'editoria; vuole che i mass media si occupino di nient'altro se non

[17] W. Schmidt-Dengler, *Die Zaunreiterin*, cit., p. 24.

[18] *Interview mit Anita Pichler*, cit.

di quello che scrive.[19] Le recensioni, i pareri e i giudizi critici non influenzano il suo lavoro. Mantiene salde le sue particolarità stilistiche e tematiche, anche se la critica all'ingrosso di Marcel Reich-Ranicki in occasione del Premio "Ingeborg Bachmann" non la lascia indifferente. Ancor meno le piacciono le lodi sperticate dello storico conservatore sudtirolese Josef Rampold, che scrive sul quotidiano "Dolomiten":

> Non è un libro, è un breviario, o un libro d'ore, per dirla con Rilke. Raramente – si sarebbe tentati di dire mai, da Hamsun in poi – un volume così sottile ha riunito in sé tanta poesia. Poesia e tristezza.[20]

Una delle concause di questo apprezzamento proveniente dalla parte "sbagliata" risiede probabilmente nell'affinità che Anita Pichler prova rispetto ai miti e alle leggende, due forme di memoria storica da cui possono scaturire le valutazioni più diverse e che spesso vengono sfruttate per fini ideologici, vista la loro indifferenza alle spiegazioni razionali e alle considerazioni di fatto.

---

[19] Cfr. N. Schröder, *Wie ein Stück Seife. Warum die Schriftstellerin Anita Pichler zwar nach Frankfurt zur Buchmesse fährt, aber die Messe selbst nicht betreten wird*, in "Südtirol Profil", 42, ottobre 1995.

[20] Cfr. H. Luger, *Poetische Passage durch drei Filter*, cit., p. 169.

L'antica "Hagazussa" è una figura di confine, scrive Ulrike Kindl, una «mediatrice tra civilizzazione e natura selvaggia, una creatura la cui coscienza diurna appartiene all'intelletto, mentre quella notturna costruisce un ponte che riporta alla magia e al mito».[21] Il significato delle leggende popolari e dei loro mitologemi nell'opera di Pichler dovrebbe, secondo Schmidt-Dengler, essere oggetto di un'urgente disamina, anche perché, egli constata, è proprio questa dimensione mitologica ad aver provocato le critiche più veementi.[22]

L'uso di miti e leggende come pellicola in trasparenza per la rappresentazione del presente funziona probabilmente al meglio quando si tratta di miti e leggende ampiamente conosciuti; in questo caso invece la critica fu in parte sopraffatta, dato che la figura di Haga Zussa era meno nota di quanto Anita Pichler supponesse.

Nel lascito di Anita Pichler, Schmidt-Dengler ha trovato appunti esplicativi dell'autrice su *Haga Zussa*, che possono fare da filo conduttore per le lettrici e i lettori del racconto:

---

[21] U. Kindl, *Anita Pichler (1948-1997). Überblick über das Werk*, in S. Gruber, R. Mumelter (a cura di), *Das Herz, das ich meine*, cit., p. 116.

[22] Cfr. W. Schmidt-Dengler, *Die Zaunreiterin*, cit., p. 30.

Vi scrivo un paio di parole chiave che mi ero annotata prima della lettura pubblica a Vienna.
Haga Zussa.
Come [?] appunto, Haga Zussa, che esorcizza le streghe ma custodisce un suo segreto, mantiene la propria essenza inquietante. Lei passa di nuovo in rassegna nei suoi pensieri gli avvenimenti degli ultimi anni e lì incappa in Haga Zussa, Haga Zussa – l'amante del caso – creatura che percorre il confine tra un mondo di senso apparente e uno di senso evidente. È la storia di una donna che apparentemente "funziona", che si arrabatta con lavori occasionali, non è un caso che distribuisca questionari con domande assurde, apparentemente senza senso. Lei stessa non può domandare, può solo porgere domande. Il suo lavoro la porta in appartamenti, incontra molta gente, nemici [?], conoscenti indifferenti, senza accorgersene – Haga Zussa, colei che confida nel caso – finisce nella trappola del caso: in uno dei tanti appartamenti anonimi incontra Uta, «che non avrei mai più voluto rivedere in vita mia».
Il confronto con il senso, così lungamente negato eppure segretamente cercato, si fa inevitabile.
Si avvicina alle figure della sua memoria, non in ordine cronologico, bensì in cerchi concentrici che, chiudendosi, consentono un contatto sempre più stretto con le persone. Così costruisce il proprio spazio di libertà utilizzando la trappola del caso; cresciuta grazie a esso, ora è una sua amante di pari grado.

> 1. In questo frangente l'unica possibilità di identificazione di cui ancora dispone è il suo appartamento.
> 2. Il problema che adesso attraversa [?] è duplice. Deve trovare quell'appartamento, ma deve anche liberarsene.
> 3. L'avvicinamento alle figure non è cronologico. Avviene in cerchi che si chiudono sempre più. Sempre più vicini all'essere umano.
>
> Così la protagonista si crea il suo spazio di libertà. L'infanzia e la prima gioventù svolgono di continuo un ruolo.[23]

Anita Pichler cesella i propri testi attraverso un lungo e intenso lavoro di elaborazione, non lasciando nessuna parola, nessun suono al caso. Questa «sorprendente padronanza della lingua» è il risultato, appunto, di un «duro lavoro»:

> Visse per tutta la sua vita tra almeno due lingue, [...] trascorrendo continuamente lunghi periodi in ambienti non tedescofoni [...]; sottoponeva i suoi testi anche all'ascolto di orecchie non tedesche per testarne la melodiosità e la possibilità di resa attraverso il segno linguistico e musicale. Non era contenta finché ogni

[23] *Nachlass Anita Pichler*, Österreichisches Literaturarchiv an der Österreichischen Nationalbibliothek, 87/W 001. In W. Schmidt-Dengler, *Die Zaunreiterin*, cit., pp. 25-26. La presente trascrizione riporta anche gli *errata* evidenti; letture incerte sono contrassegnate con [?].

singola sillaba non produceva il suono che intendeva e ogni singola parola non evocava il senso che voleva.[24]

«Il titolo originario era *Haga Zussa*», racconta Anita Pichler. Haga Zussa era il nome in alto-tedesco medio per la *Zaunreiterin*, la creatura magica a cavallo tra i confini. E così si consola, riferendosi al cambio del titolo del racconto:

> Da Haga è derivato il termine *Hexe* [strega] della lingua moderna. Da noi, soprattutto in Val Venosta, continua però a sopravvivere anche la seconda parte del nome, nella parola *Zussl*. Le *Zussln* conoscono entrambe le facce della vita, sia perché sono in parte loro stesse delle streghe, sia perché sono in grado di scacciarle. Questo doppio significato accompagna anche la parola *Zaunreiterin*, perché chi siede sullo steccato a cavallo tra i confini ha una gamba dentro e una fuori.[25]

Diciotto anni dopo la prima edizione presso la casa editrice Suhrkamp, il racconto *Die Zaunreiterin* viene ripubblicato con il titolo di *Haga Zussa*, secondo l'originaria volontà dell'autrice.[26]

---

[24] U. Kindl, *Anita Pichler (1948-1997). Überblick über das Werk*, cit., pp. 115-116.

[25] *Interview mit Anita Pichler*, cit.

[26] A. Pichler, *Haga Zussa. Die Zaureiterin*, Folio, Wien-Bozen 2004.

Come curatrici del lascito letterario di Anita Pichler, abbiamo assunto l'impegno di mantenere viva la sua opera. Ciò è possibile soltanto mediante l'effettiva disponibilità alle lettrici e ai lettori di ogni singolo titolo che la compone. A tal fine abbiamo innanzitutto curato, nel 2002, una raccolta di saggi su Anita Pichler dal titolo *Das Herz, das ich meine* [Il cuore che intendo], pubblicata dalle edizioni Folio, che comprende saggi di accademici e critici letterari europei, e che ha contribuito a dare finalmente all'autrice accesso al "canone" della letteratura contemporanea di lingua tedesca. Nel 2004 è seguita, come detto, la nuova edizione di *Haga Zussa*, e nel 2007, in occasione del decimo anniversario della sua scomparsa, una raccolta di testi sparsi e inediti di Pichler dal titolo *Flatterlicht* [Luce sfarfallante], sempre per i tipi di Folio. Lo stesso editore ha avuto modo poi di riproporre, nel 2014, il racconto *Wie die Monate das Jahr*, uscito originariamente presso Suhrkamp nel 1989, mentre nello stesso anno la casa editrice Haymon di Innsbruck ha dato nuovamente alle stampe, stavolta in formato tascabile, *Die Frauen aus Fanis*, un'originale rielaborazione di saghe dolomitiche e di figure mitiche femminili. È del 2021, infine, una nuova edizione del testo *Beider Augen Blick*, che l'autrice pubblicò nel 1995 sempre presso le edizioni Haymon.

Nel 2016 le Edizioni alphabeta Verlag di Merano hanno avviato un'importante operazione culturale che si propone la pubblicazione in lingua italiana di una serie di opere di Anita Pichler, con opportuno apparato critico. Il primo titolo inserito in catalogo, *Come i mesi l'anno* [Wie die Monate das Jahr], è la riedizione della traduzione, autorizzata dall'autrice stessa, di Valentina Di Rosa, uscita per i tipi di Marsilio nel 1991. Sono seguite, nel 2018 e nel 2020, le edizioni italiane *Di entrambi gli occhi lo sguardo* [Beider Augen Blick] e *Le donne di Fanis* [Die Frauen aus Fanis], entrambe per la traduzione di Donatella Trevisan.

Con la presente traduzione di *Haga Zussa*, sempre a cura di Donatella Trevisan, idealmente si chiude, trentasei anni dopo, un ciclo iniziato con la prima opera pubblicata da Anita Pichler presso le prestigiose edizioni Suhrkamp. In occasione di questa nuova uscita, le Edizioni alphabeta Verlag offrono inoltre al pubblico italiano tutti e quattro i volumi di Anita Pichler presenti nel proprio catalogo in un unico cofanetto, e dunque la possibilità di conoscere più da vicino l'autrice e la sua opera.

Dal 5 ottobre 2018, inoltre, ad Anita Pichler è intitolata una piazza di Bolzano, nel nuovo quartiere di Casanova-Kaiserau. È stato uno dei motivi che ci ha spinto ad affidare al giovane regista Lorenz Zenleser la realizzazione di un video che in modo breve e compatto potesse raccontare la vita e l'opera dell'autrice. Il film dal titolo *Es wird nie mehr Vogelbeersommer sein. Anita Pichler (1948-1997, Schriftstellerin) / L'inizio è semplice: raccontiamoci a vicenda. Anita Pichler (1948-1997, scrittrice)* è stato presentato al pubblico nel novembre 2021 ed è disponibile gratuitamente, in versione italiana e tedesca, sulla piattaforma Vimeo.

Indice

Collana TravenBooks

1) Reinhard Christanell, *Sillabario*
2) Reinhard Christanell, *Ultime notizie dall'impero degli Aztechi*
3) AA.VV. (a cura di A. Rizzi), *Donne di parola*
4) Laura Mautone, *Dell'amore e di altri aneurismi*
5) Nadia Scappini, *La luna nuda*
6) AA.VV. (a cura di R. Christanell), *Lentamente muore chi non viaggia*
7) Paolo Crazy Carnevale, *Il cuore nero di Manni Franzensfeste*
8) AA.VV. (a cura di R. Christanell), *Autobahn*
9) Andrea Montali, *Anime sole in autobus sovraffollati*
10) Paolo Crazy Carnevale, *L'amaro caso di Ray Mazzarino*
11) Paolo Barchetti, Beppe Mora, Lino Signorato, *Fiori di roccia* (ill.)
12) Nietta Saltuari Dondio, *Su Sirio i bambini non piangono*
13) Gianfranco Mammi, *A perdere si fa meno fatica*
14) Alina Rizzi, *Come Bovary*
15) Reinhard Christanell, *La vita finisce a cinquant'anni*
16) Marco Aliprandini, *Lettere d'amore a me stesso*
17) Valentino Braitenberg, *La vergine e i filosofi*
18) Astrid Mazzola, *I senzaombrello*
19) Francesco Roat, *Tre storie belle*
20) Massimiliano Forza, *No family man*
21) Alessandro Banda, *E questo è l'amore per noi*
22) AA.VV. (a cura di R. Bonfatti), *Lo scrittore uscì alle ventunoetrenta*
23) Paola Romagnoli, *Ho saltato prima dell'alba*
24) Anna Maria Farabbi, *La magnifica bestia / Das prächtige wilde Tier*
25) Alberto Corradi, *Il mostro nella tazzina* (ill.)

26) Simona Zammarchi, *Hexe Gudrun e l'ingrediente di troppo* (ill.)
27) Adriano Secchi, *Se parigino non nasci lo puoi diventare*
28) Paolo Crazy Carnevale, *Spolpo Files*
29) Andrea Rossi, *Sinigo*
30) Lorenzo Toresini, *I confinandanti*
31) AA.VV., *Abbandoni e altre trasformazioni*
32) Manuel Maini, *La consegna*
33) Aldo Gianolio, *Dem Duke Ellington gefiel Hitchcock nicht und andere Geschichten vom Jazz*
34) Anna Maria Farabbi, *Il lussuoso arazzo di Madame d'Aulnoy* (ill.)
35) Antonio Umberto Riccò, *Biscotti al cardamomo*
36) Ada Zapperi Zucker, *Il silenzio*
37) Francesco Roat, *Le elegie di Rilke tra angeli e finitudine*
38) Aldo Menini, *Puma*
39) Luciano Casagrande, Ferdinando Raffaelli (a cura di), *Nottetempo. Storie di vita nel cerchio narrativo* (ill.)
40) Giorgio Tomesani, *La bionda nel sacco*
41) Gianfranco Mammi, *I cani di Bucarest*
42) Luigi Motta, *La grande tormenta*
43) Pier Francesco Bonaventura, *Viaggio in Tirolo del barone Gaspard Chavannes d'Entreville*
44) Ada Zapperi Zucker, *Das Schweigen*
45) Kenka Lekovich, *Se improvvisamente il treno si fermasse a Maglern*
46) Kenka Lekovich, *Der Zug hält nicht in Ugovizza*
47) Cinzia Zungolo, *Porto della zingara*
48) Antonio Umberto Riccò, *Tariqs Auftrag*
49) Antonio Umberto Riccò, *C'era in Germania un Girasole*
50) Andrea Montali, *Ho letto il tuo diario*
51) Daniele Barina, Paolo Crazy Carnevale, *Macahity*
52) Brunamaria Dal Lago Veneri, *Piedi, zoccoli e ruote*
53) Giorgio Somalvico, *Città dall'alba di un amore alle sue ceneri*
54) Helene Flöss, *Anni secchi*
55) Michele Ruele, *Dissolvenze K.*
56) Lorenzo Toresini, *Confinandanti*
57) Toni Colleselli, *reden. Siebzehn Sprechgeschichten aus Südtirol* (ill.)
58) Aldo Mazza, Reinhard Gunsch (a cura di), *Ad alta voce. Storie di quotidianità sociale*

59) Aldo Mazza, Reinhard Gunsch (Hrsg.), *Stille Post. Erzählungen aus Südtirol*
60) Sandro Ottoni, *Undici traslochi. Vita di Gemma*
61) Bert d'Arragon, *Ichnusa*
62) Brunamaria Dal Lago Veneri, *Dodici incontri. Una vita*
63) Andrea Rossi, *Acquabianca*
64) Bruno Durante, *La valigia del doganiere*
65) Toni Colleselli, *Storia di lingue. Racconti dall'Alto Adige*
66) Adriana Altaras, *Gli occhiali di Tito. Storia rocambolesca della mia famiglia*
67) Francesco Roat, *Drei schöne Geschichten*
68) Andrea Montali, *Forse tornerai dall'estero. Atto unico in 23 scene*
69) Antonio Merlino, *Per i tuoi occhi di domenica. Poesie* (ill.)
70) Paolo Bill Valente (a cura di), *Scrivere sul confine. Racconti vincitori del Premio Letterario Internazionale Merano-Europa 1995–2013*
71) Paolo Bill Valente, *Diario del maestro di Cordés*
72) Paolo Crazy Carnevale, *Nadia Nebeski und andere Amerikas*
73) Laura Mautone, *Come sabbia come neve*. Poesie
74) Andrea Rossi, *Borgo Vittoria. Die Entstehung eines italienischen Dorfes bei Meran*
75) Maria Annita Baffa, *La sposa della neve*
76) Lorenzo Ferrarese, *La gigantessa. Frammenti di una vita straordinaria*
77) Marco Antonelli, *L'uomo che scriveva storie sui muri*
78) Kurt Lanthaler, *Il delta*
79) Delle Cave/Colleselli/Valente, *Premio Merano-Europa 2015*
80) Toni Colleselli, *Narrare l'Alto Adige*
81) Madé Neumair, *Quattrostorie*
82) Stefano Zangrando, *Amateurs*
83) Claudia Heckl, *Posta silenziosa*
84) Anita Pichler, *Come i mesi l'anno*
85) Gianfranco Mattera, *I fiori di Parigi*
86) Alex Boschetti, *Un interminabile inverno*
87) norbert c. kaser, *rancore mi cresce nel ventre. Poesia & prosa 1968-1978. Un'antologia*, a cura di Toni Colleselli
88) Delle Cave/Colleselli/Valente, *Premio Merano-Europa 2017*
89) Waltraud Mittich, *Micòl*
90) Lorenzo Ferrarese, *Die Riesin von Tirol*
91) Matthias Schönweger, *Der Augenblick. Der Wimpernschlag*

92) Enrico De Zordo, *Divertimenti tristi*

94) Sandro Ottoni, *Halb ländlich. Bozen 1966. Eine Kindheit im »Semirurali«-Viertel*

95) Peter Oberdörfer, *Temperaturen der Wahrheit. Ein Lesebuch mit unveröffentlichten Erzählungen, Romanen, Theaterstücken und Gedichten sowie Beiträgen von Literaturwissenschaftler*innen und Weggefährt*innen*, hrsg. von Haimo Perkmann und Sonja Steger

96) Astrid Kofler, *Il volo dell'altalena*

98) Franz Tumler, *Italienische Impressionen. Eine Anthologie*, hrsg. von Ferruccio Delle Cave

99) Lene Morgenstern (Hrsg.), *Poetry Slam Südtirol. 61 Texte | 32 Autor*-innen | 1 Szene*

100) Andergassen/Delle Cave/Valente, *Premio Merano-Europa 2019*

101) Bernd Schuchter, *Giorni di vento*

102) Anna Rottensteiner, *Le vite lontane*

103) Enrico De Zordo, *Traurige Vergnügungen*

104) Gabriele Di Luca, *E quindi uscimmo a riveder la gente*

105) Maxi Obexer, *La prima estate dell'Europa*

106) Kurt Lanthaler, *Il morto nella roccia*

107) Anita Pichler, *Le donne di Fanis*

108) Giovanni Accardo, Mauro De Pascalis, *Solo tredici chilometri*

109) Maxi Obexer, *Anche i cani feroci ridono (quando nevica)*

110) Oswald Waldner, *Fragmente einer Behausung*

111) Alex Boschetti, *L'ultima madre*

112) Andrea Rossi, *La casa alla fine del mondo*

113) Franz Tumler, *Memoria di un addio*

114) Benedetto Saraceno, *Le lingue della paura*

115) Lucio Giudiceandrea, *Todos caballeros*

Finito di stampare
nel mese di Luglio 2022
da Cierre Grafica, Sommacampagna (VR)
per conto di Edizioni alphabeta Verlag
Merano (BZ)

L'etichetta FSC®
garantisce che il materiale utilizzato per questo volume
proviene da fonti gestite in maniera responsabile
e da altre fonti controllate.

FSC
www.fsc.org
MISTO
Carta
da fonti gestite in
maniera responsabile
FSC® C041414